보재
이상설
평전

우리가 기억해야 할 독립운동가

보개

이상설 평전

이창호 지음

우리가 기억해야 할 독립운동가

벗나래

차례

머리글 | 우리가 기억해야 할 보재 이상설······················· 8

추천사 | 우리의 정신 속에 살아 있는 독립지사, 이상설 ············· 12

1장 | 출생과 학문 연구

1. 선비의 아들로 태어나다···························· 17

2. 학문에 힘쓰다 ································· 19

3. 한학과 전통 유학사상···························· 22

4. 신학문을 접하다 ······························ 25

5. 구국 독립운동 사상······························ 29

2장 | 과거 급제와 관직 생활

1. 과거 급제와 출사······························· 33

2. 일제 황무지개척권 반대상소······················· 40

3. 을사늑약을 막고자··························· 46

4. 이상설이 펼친 늑약 저지 활동 ····················· 49

5. 고종에게 '죽음으로 비준 거부하라' 상소················ 56

6. 이상설이 기록한 을사늑약························ 59

3장 | 구국운동에 앞장서다

1. 벼슬을 던지다 ……………………………………… 65

2. 을사늑약 파기운동 주도 ………………………… 69

3. 민족교육 효시인 '서전서숙' 설립 ……………… 75

4. 서전서숙의 설립과 무상교육 실시 …………… 81

5. 일제의 '서전서숙' 관련 정보보고 ……………… 87

6. 독립정신의 요람 …………………………………… 91

7. 서전서숙의 폐숙 후 활동 ……………………… 98

4장 | 만국평화회의 특사로 선정되다

1. 헤이그특사를 준비하다 ………………………… 105

2. 헤이그특사들의 밀회 …………………………… 113

3. 헤이그에 도착하다 ……………………………… 121

5장 | 만국평화회의 참석이 가로막힘

1. 만국평화회의 문건의 준비 …………………… 127

2. 만국평화회의에 참석 못 함 ………………… 133

3. 각국 언론을 통한 활동 ……………………… 137

4. 동지 이준의 순국 ……………………………… 139

차례

6장 | 구미를 순방하며 활동을 펼침

1. 루즈벨트와의 면담 실패·················147
2. 조선의 영세중립화 주장·················151
3. 광무황제의 퇴위 강요·················158
4. 사형선고를 받다·················164

7장 | 연해주에서 활동을 시작하다

1. 블라디보스토크에 둥지를 틀다·················171
2. 신흥촌 건설·················175
3. 문화계몽사업을 펼침·················183
4. 안중근과의 만남·················188
5. '13도의군'을 편성함·················192

8장 | 국권회복투쟁의 선봉에 서다

1. 고종의 연해주 망명을 꾀하다·················201
2. 불합리한 '합병조약'·················205
3. 한일합병의 경과와 체결·················210
4. 성명회 조직과 항일투쟁·················215
5. 병탄반대 조약무효 선언·················221
6. 니콜리스크에 유폐당해·················225

9장 | 권업회 창설과 《권업신문》 발행

1. 권업회 창설 …………………………………… 229
2. 《권업신문》의 창간 ……………………………… 233
3. 내부갈등과 사이비 애국자들…………………… 236

10장 | 마지막 투혼을 불태우다

1. 대한광복군정부 수립 …………………………… 243
2. 임시정부의 해산 ………………………………… 251
3. 신한혁명당의 창설 ……………………………… 256
4. 신한혁명당의 좌절 ……………………………… 260

11장 | 애통한 서거

1. 망명지에서 순국함 ……………………………… 267
2. 각계의 추모 물결…………………………………… 270
3. 이상설의 한계 …………………………………… 274
4. 독립유공자 추서, 향리에 추모비 ……………… 277
5. 이상설의 혼백을 부르다………………………… 282

참고문헌 ……………………………………………… 286

우리가 기억해야 할 보재 이상설

올해 2018년은 보재 이상설이 순국한 지 꼭 101년이 되는 해이다. 보재 이상설이라고 하면 아마 많은 사람들은 고개를 갸웃거릴 것이다. 설령 이상설을 안다고 하여도 헤이그특사의 일원 정도로만 기억하고 있을 것이다. 하지만 그는 우리나라 최초의 망명정부인 대한광복군정부를 세웠던, 독립운동사에 그리고 역사교과서에 선명히 기록되어야 할 독립운동의 독보적인 선구자이다.

1870년 충청북도 진천에서 태어난 이상설은 시대를 뛰어넘는 냉철한 지성을 지녔던 독립지사다. 이상설은 10대 시절부터 당대의 엘리트(이시영, 이회영, 이범세, 서만순, 조한평, 여규정, 여조현, 이희종 등)들과 함께 학문을 연마했는데, 그들이 익힌 학문은 한문, 수학, 영어, 그리고 새로운 학문인 경제, 법률, 철학 등 거의 모든 과목이었다.

이상설은 25세 되던 해인 1895년 조선 왕조 최후의 과거인 갑오문과에 급제하였다. 만약 이상설이 자신의 자질과 능력을 일신의 영달과 부귀영화를 위해 쏟았다면 그는 아마도 일생을 평안하게 지냈을 것이다. 또한 그의 후손들 역시, 선대가 남긴 유산으로 대대로 권문세가가 되었을 것이다. 하지만 그는 권력과 타협하지 않고 늘 정도(正道)를 지키며 끝까지 치열하게 국권회복을 위해 일제와 싸웠다.

그러한 보재 이상설의 업적은 다음 여덟 가지로 정리할 수 있다. 첫째, 을사늑약 체결을 끝까지 막고자, 고종에게 '순사직'하여 조약을 파기하고 오적을 처단하라는 상소를 올렸다. 둘째, 러시아 블라디보스토크로 망명하여 최초의 신학문 민족교육 기관인 서전서숙을 만들고 신학문과 민족교육을 실시하였다. 셋째, 고종의 밀지를 받고 제2회 만국평화회의 특사로 파견되어 네덜란드로 건너가, 회의에는 참석하지 못했으나 세계 언론인들을 상대로 일제의 만행과 한국인의 독립의지를 밝혔으며, 미국에서 애국동지대표회와 국민회를 조직하였다. 넷째, 13도의군을 편성하고 무력을 통해 국권회복을 도모하고자 하였다. 다섯째, 독립운동단체 성명회를 조직하고 8,624명의 서명을 받아 성명회선언서를 발표하였다. 여섯째, 한인 독립운동단체 권업회를 창설하였다. 일곱째, 1910년 경술국치 후, 상해 임시정부보다 5년 앞선 최초의 망명정부인 대한광복군정부를 수립하고 정통령에 선임되었다. 여덟째, 신한혁명단을 창단하고 본부장에 추대되어 마지막까지 국권회복을 위해 다방면으로 노력하였다. 하지만 끝내 좌절되고 말았다.

1906년 헤이그특사로 망명한 이후, 이상설은 10여 년간 계속된 망명생활과 치열한 항일 독립투쟁으로 병을 얻게 된다. 1916년 초, 이상설은 붉은 선혈을 토해내며 병석에 눕고 말았다. 결국 이상설은 1917년 3월, 러시아 니콜리스크(현재의 우수리스크)의 한 교포의 집에서 순국하고 만다. 가족들과 몇몇 동지들이 그의 임종을 지켰다. 48세라는 젊은 나이에 그리도 허무하고 애통한 죽음을 맞이한 것이다. 그는 자신의 육신과 유품과 유고, 모두를 불태우고 그 재마저 바다에 날려버리고 제사도 지내지 말라고 유언했다.

> 나라를 잃어 나라를 울고
> 집을 떠나 집을 울고
> 이제 몸 둘 곳조차 잃어
> 몸을 우노라.
>
> ─이상설, '삼읍(三泣, 세 가지 슬픔)'

백암 박은식 선생은 "나라는 없어질 수 있으나 역사는 없어질 수 없다. 이는 나라가 형체라면 역사는 정신이기 때문이다"라는 말씀을 남겼다. 선생은 독립운동과 역사지키기를 일체화하면서, 역사란 곧 '국백(國魄)'과 '국혼(國魂)'의 기록이라 역설하였다.

아이러니하게도 지금의 우리나라에서는 독립운동가 후손들은 소외되는 반면, 친일파의 후손들은 나라를 팔아 모은 자신들의 부를 세습하고 있다. 그뿐만이 아니다. 우리나라의 정신의 정도(正道)를 가늠할 수 있는 교과서 속 역사는, 정통사가 아닌 식민지근대화론을 공인하고 친일파들의 죄를 사해 주는 등, 나락으로 떨어지고 있다. 만약 이상설이

그토록 일찍 순국하지 않고 해방정국에서 활동했다면, 오늘날 이런 혼돈의 세상이 오지 않았을 것이라는 생각이 든다. 그만큼 보재 이상설의 신념과 사상은 늘 바른 길 위에 있었다.

지금 우리는, 우리 민족의 정신과 정의가 짓밟히는 어지러운 시대를 살고 있다. 지금이야말로 불의와 타협하지 않고 홀연히 국권회복투쟁에 나서 치열하게 해외를 떠돌며 싸웠던 이상설의 바른 정신이 필요한 시기이다. 보재 이상설의 순국 101주년을 맞이하며 그의 정신이, 그의 삶이 현재에 오롯이 살아 숨 쉬기를 바란다.

아무쪼록 이 책이 나올 수 있도록 애써주시고 진천군에서 평생 살아온 박승길 회장님, 이상백 총무님, 남구현 소장님과 중국인 절친 이용근 대표, 맹고군 흑룡강성 밀산시 부시장님. 또한 특유의 부드럽고 섬세한 성품으로 추천사를 흔쾌히 써주신 진천군 송기섭 군수님께 감사드립니다. 또 정성껏 출판해주신 김진성 대표님, 이창호스피치 패밀리와 늘 은은한 향기가 빛나게 하는 그레이스의 진심어린 조언으로 그 결과가 자연스럽게 영광에 이르게 되었습니다.

竹香 **李昌虎**

우리의 정신 속에 살아 있는 독립지사, 이상설

보재 이상설 선생은 우리 진천군에서 태어난 대한민국 독립운동사의 선구자이자, 민족교육자이다. 그분의 업적을 기리고자 이번에『우리가 기억해야 할 보재 이상설』이 출간된 것을 기쁘게 생각한다.

일찍이 영국인 베델은 《대한매일신보》에 "이상설은 대한에서 학문으로 제일류이다. 일찍이 학문적 소양으로 재성이 뛰어나고 조예가 깊어 동서 학문을 거의 다 밝게 깨닫고 정밀하게 연구하므로 성리학과 문장 그리고 법률, 정치, 산술 등의 학문이 모두 뛰어나고 풍부하다"고 기술한 바 있다. 그뿐만 아니라 많은 이들이 이상설 선생의 탁월한 능력에 관해 찬사를 남겼다. 백암 박은식, 회당 장석영, 중국 문인 관설재, 이승희, 조완구, 안숙, 안중근 등이 그러했다.

이상설 선생은 이처럼 뛰어난 능력을 바탕으로 북간도 용정촌에 해외 최초의 신교육 기관인 서전서숙을 세웠다. 서전서숙은 해외 최초의 신교육 기관인 동시에 항일 독립운동의 본거지로서 역할을 했다. 1907

년 9월경 서전서숙은 결국 폐교하고 말았지만, 그 후 북간도뿐만 아니라 만주 일대와 러시아령, 시베리아 등 국내외 전역에 민족교육이 파급되는 결과를 가져왔다.

고종의 밀명으로 제2차 헤이그 만국평화회의에 참석한 이상설 선생은 거대한 국제 사회의 넘을 수 없는 벽에 부딪히게 되었다. 하지만 헤이그특사의 활동이 일제의 교활한 방해 공작으로 공식적으로 인정받지 못하였다 하더라도 그 의의와 역사적 의미는 말할 수 없이 크다.

이상설 선생은 여기서 그치지 않고 제1차 세계대전을 기화로 러시아 블라디보스토크에 최초의 망명정부인 대한광복군정부를 세웠다. 대한광복군정부는 이상설이 망명 생활을 하면서 조성해 놓은 모든 조직과 인적 네트워크의 결집체로, 13도의군에서부터 권업회와 광복군을 기반으로 임시정부 체제로 전환시킨 것이었다.

그러나 이상설 선생은 10여 년간 계속된 망명 생활과 치열한 항일 독립투쟁으로 몸과 마음이 지쳐 갔다. 피를 토하며 병석에 누웠던 그는, 결국 1917년 3월 2일 러시아 니콜리스크의 한 동포의 집에서 숨을 거두고 만다. 마흔여덟이라는 젊은 나이에, 나라 잃은 슬픔이 얼마나 크고 한이 되었기에 자신의 목숨과 바꿀 수밖에 없었던 것일까.

자신의 몸과 유품과 유고 모두를 불태우고 그 재마저 바다에 흩뿌리고 제사도 지내지 말라고 한 이상설 선생.

한국 독립운동사의 대부인 선생의 위대한 업적을 기리기 위해 진천 군은 이상설 선생의 순국 100주기를 맞아 대대적인 선양 사업을 추진하고 있다. 지난 4월 21~22일 정·관계 인사와 선생 후손 등 약 5,000명이 참석한 가운데 선생의 순국 100주기를 기념하는 대대적인 추모행사를 가졌다.

또한 선생이 건립했던 최초의 독립운동기지인 한흥동 마을에 업적을 기리는 기념식 개최와 진천읍 산척리 숭열사 일원에 이상설 기념관 건립을 추진하고 있다.

> 나라를 잃어 나라를 울고
> 집을 떠나 집을 울고
> 이제 몸 둘 곳조차 잃어
> 몸을 우노라.
>
> —이상설, '삼읍(三泣, 세 가지 슬픔)'

이상설 선생은 비록 만리타국의 고혼이 되었지만 여전히 우리의 정신 속에 면면히 살아오고 있다.
이것이 우리가 보재 이상설 선생을 기억해야 하는 이유이다.

진천군수 송 기 섭

1장

출생과 학문 연구

이상설(李相卨, 1871년 1월 27일~1917년 3월 2일)은 조선(대한제국)의 문신이자, 일제 강점기의 독립운동가이다. 자는 순오(舜五), 호는 보재(溥齋, 혹은 부재라고도 읽음)이다. 본관은 경주이다. 1907년 만국평화회의에 특사로 파견되어 활동하였고, 이후 해외 독립운동 기지 건설에 이바지하였다. 연해주 블라디보스토크에서 1911년 권업회 창설과 1914년 러일전쟁 10주년 기념일을 기하여 대한광복군정부 수립을 주관하여 정통령에 선임되기도 하였다.

1. 선비의 아들로 태어나다

보재 이상설은 1870년 음력 12월 7일 충청북도 진천군 덕산면 산척리 산직 마을에서 태어났다. 작은 시골 마을의 선비인 아버지 이행우와 벽진 이씨의 장남으로 태어난 것이다. 형제로는 11세 연하인 남동생 상익이 있었다. 본관은 경주, 아호는 보재, 고려 때 충신 익재 이제현의 22대손으로, 고향 진천의 용정리는 경주 이씨의 집성촌이었다.

그는 7세 때 동부승지 이용우의 양자로 입양되어 서울로 올라와 유복하게 살았는데, 장동 장박골(현재의 명동)이 그가 살던 곳이다. 그런데 이상설이 이처럼 동부승지 이용우의 양자가 되는 것과 관련하여 두 가지의 일화가 전하는데, 어느 것이 정확한 것인지는 알 수 없다.

한 가지는 이상설이 어릴 때부터 조숙조달(早熟早達)하여 재질이 탁월하고 총명이 비범하여 인근의 경탄함이 컸었는데 마침 이용우가 늦도록 대를 잇는 아들이 없어 이름 높은 관상가를 데리고 향리인 진천 초평으로 양자 감을 고르러 가는 도중에, "보재의 비범하다는 평판을 듣고 산직 마을에 들르게 되었는데 관상가가 7세의 이상설을 보더니 희색이 만면하면서 보기 드문 관상"이라고 극구 칭송함을 듣고 그 자리에서 양자로 정하게 되었다는 것이다.

다른 한 가지는 양부가 양자를 구하려고 진천 초평을 거쳐 산직 마을로 행차할 때 "옛날 재상의 행차야말로 호화찬란하여 마을사람들과 아동들이 많이 모여 행차구경을 하는지라, 양부가 모인 아동들의 지기와 인품을 보려고 대추 한 말을 펼쳐 놓아 보였는데 한 아이도 감히 그 대추에 손을 대는 아이가 없는데, 7세밖에 되지 않은 보재 선생은 남루한 의복에 종종머리를 딴 시골아이로서 그 대추를 집어 먹고 주머니에 넣고 있었다 한다. 그 하는 태도가 양부의 마음에 들어 즉시 양자로 정하고 한성으로 데리고 오시어 공부시켰다"라는 것이다.

▼ 진천군 보재 이상설 생가

2. 학문에 힘쓰다

　이상설은 이용우의 양자가 된 그다음 해인 1877년 8세에 처음으로 한학자 이제촌에게서 한문을 배우기 시작했다. 이상설은 '벽로방(碧蘆房)'이란 사랑에서 공부를 했는데, 그곳은 중국 청나라의 명필가 옹방강이 쓴 글씨가 걸려 있는 곳이었다. 벽로방은 근처의 여러 재주 있는 소년들이 모여 함께 공부한 곳이었다고 전한다.

　그러던 중, 이상설이 13세 때인 1882년 양부 이용우와 생부 이행우의 친상을 차례로 당하게 되었다. 그다음 해에는 생모인 벽진 이씨의 상도 당했다. 어린 이상설은 16세가 되어서야 탈상을 하고, 참판 서공순의 장녀 서씨와 혼인을 했다. 이상설은 이 무렵부터 의암 유인석에게서도 배움을 얻는 한편, 의당 박세화를 스승으로 맞아 그에게서 한학과 유학을 배운다.

　그러나 그것도 잠시였다. 이상설이 17세 되던 해인 1886년에는 과도한 공부와 양 부모의 죽음으로 인한 스트레스로 건강을 해쳐 일단 학업을 중단하고 1년여 동안 강원도에서 요양을 하였다.

요양을 마치고 다시 서울로 올라온 이상설은 장동에서 저동(지금의 명동성모병원 부근)의 저택으로 이사하였다. 이곳에서 이상설은 이시영과의 만남을 가지게 된다. 1945년 해방 후 임시정부 요인으로 환국하여 초대 부통령을 역임한 성재 이시영의 집과는 앞, 뒷집이 되어 아침저녁으로 만나 친히 지냈다고 한다. 이시영은 만년에 이상설의 장동과 저동에서 배움을 시작하던 시절을 다음과 같이 회고하였다.

당시 보재 이상설의 학우는 자신(이시영)과 나의 백형인 우당 회영을 비롯하여 남촌의 3재동으로 일컬었던 치재 이범세, 서만순과 미남이요 주옥같은 글씨로써 명필로 이름을 남긴 조한평, 한학의 석학인 여규형, 아주 뛰어난 재주로 칭송되던 시당 여조현 등이 죽마고우이었고, 송거 이희종과는 결의형제의 맹약까지 한 사이였다. 또한 나중에 대부분 정부에서 중추적인 일들을 하게 된 이들 학우들 중에서도 보재는 단연 학우 간에서 선생격이었기에 그 문하생으로는 우하 민형식 등 7, 8명이나 되었으니 그와 동문수학한 자는 17, 18명 정도에 이른다.

보재가 16세 되던 해인 1885년 봄부터는 8개월 동안 학우들이 신흥사에 합숙하면서 매일 과정을 써 붙이고 한문, 수학, 영어, 법학 등 신학문을 공부하였다. 그때 보재의 총명 탁월한 두뇌와 이해력에는 같은 학우들이 경탄을 금치 못할 정도였다. 또한 끈질긴 탐구열과 비상한 기억력은 하나의 기이지사였다. 보재는 모든 분야의 학문을 거의 독학으로 득달하였다. 하루는 논리학에 관한 어떤 문제를 반나절이나 풀려다가 낮잠을 자게 되었는데 잠 속에서 풀었다고 깨어서 기뻐한 일이 있다. 또 한 학우들이 다 취침한 이후에도 혼자 자지 않고 새벽 두세 시까지 글을 읽고도 아침에는 누구보다 일찍 일어나 공부하였다. 기억력이 얼마나 비상하였던지 자면서도 학우들과 한 이야기를 깨어서도 역력히 기억하였다. 그는 점심 후에는 반드시 한 20분간 자는 습관도 있었다(강상원, 『이보재 선생 약사』 초안).

3. 한학과 전통 유학사상

　이상설은 어려서부터 신동 소리를 듣고 자랐다. 이상설의 학문은 신구 학문을 겸수한 것이었으며 또 학문 분야도 광범위하기 이를 데 없었다. 이상설은 전통 학문인 성리학을 바탕으로 유학을 공부했는데 이미 20세를 넘으면서부터는 유학계에서 큰 학자로 칭송되기도 하였다. 고향의 친구이며 먼 인척인 위당 안숙의 『위당건연록』에, "이상설은 어려서부터 영민하고 민첩하여 재동으로 세상에 이름이 났으며, 20세 전후에는 문행남하울관(文行南下鬱冠)의 칭송을 들었다"는 기록이 남아 있을 정도였다. 이것은 영재 이건창이 보재의 나이 25세 때 보낸 편지에도 드러난다. 이건창의 편지에 보이는 이상설을 율곡 이이를 조술할 만한 큰 학자로 촉망하는 다음과 같은 격려의 구절은 그러한 예인 것이다.

　진실로 이상설의 뒷날 대성하고 창무한 것을 누가 막지 않는다면, 이는 곧 율곡의 도가 행함이요, 그것은 나라의 부강이 될 것이요 백성의 복지가 될 것이요, 선비의 영화가 될 것이다. 어찌 작게 이상설 혼자만의 다행이겠는가(민영규, 「이건창의 남천기」, 『사회학지』, 연세대학교 사학연구회).

덕분에 이상설은 약관 27세가 되던 해에 성균관의 교수 겸 관장이 되었다. 비록 갑오개혁 후에 개편된 성균관이지만 성균관의 교수 겸 관장은 예전의 대사성에 해당하는 자리였다. 여기서 그치지 않고 이상설은 과거급제를 계기로 한림학사에 제수되었고 세자의 시독관이 되기에 이르렀다.

이상설이 유학에 있어 어느 정도의 수준에 이르렀는가 하는 점은, 그가 25세 때 급제한 과거시험 답안지인 〈지어지선론(止於至善論)〉을 통해서도 충분히 짐작할 수 있다. 또한 성리학에 대한 깊이 있는 성찰의 정도는, 당시 영남 유학의 거장인 한계 이승희에게 보낸 성리학에 있어서의 심성을 논한 〈봉신강재선생(奉贐剛齋先生)〉에 담고 있는 자필 글에서 짐작할 수 있다.

이상설이 28세가 될 무렵, 이승희가 이상설을 찾아와 성리학에 관한 토론을 벌인 적이 있었다. 그 자리에서 이상설은 성리학의 심오한 학리는 물론 주자의 대혹한 바까지도 논급하였다 한다. 훗날, 이승희가 이상설의 헤이그 사행 후 블라디보스토크에서 만나 독립운동기지 설정을 위한 한흥동 건설에 마음을 합하여 협력할 무렵, "보재는 구학에 있어서는 박학다식하고 두루 섭렵하여 모르는 것이 없어서 이승희 선생을 대할 때 항상 성리학을 논하였고, 서로 비슷하였기에 더불어 토론하여 다른 일을 잊을 정도였다"고 전해질 정도이다.

그리고 이상설은 홍승헌, 정원하, 정인보 등과 진천을 반향으로 하는 소론계 관인 양명학자로서 안숙과도 교유하면서 구국민족운동을 전개하였다.

4. 신학문을 접하다

　이상설은 일찍이 시국과 사회의 큰 전환을 살피며 학문 수학에 몰두했다. 그는 전통유학은 물론 신학문과 근대 사상을 거의 독학으로 공부하였다. 그렇게 학문에 몰두하기를 10여 년, 결국 이상설은 과거에 급제하게 된다. 이상설은 전통유학 외에도 신학문을 배우는 데 힘을 쏟았는데, 일찍부터 영어, 일어, 불어 등의 외국어도 배웠고 훗날 러시아어까지 익혔다. 이상설이 수학한 학문의 분야도 광범하기 이를 데 없었다. 전통 학문인 성리학을 바탕으로 한 유학은 물론 신학문에 있어서 정치, 법률, 경제, 사회, 수학, 과학, 철학, 종교 등 모든 분야에 일가를 이루었다. 이처럼 이상설은 신구(新舊) 학문을 동시에 겸수하는 경지에 이르렀다.

　구한말 구국계몽운동을 활발히 벌였던 이관직이 지은 『우당 이회영 실기』에는, "1898년 가을에는 이회영, 여준, 이간연 등 여러 벗과 회동하여 시국을 광구하고자 이상설의 서재를 연구실 겸 회의장으로 정하고 매일 회합하여 정치, 경제, 법률, 동서양사 등 신학문을 깊이 있게 연구하며 치국훈민의 신정강을 준비하였다"는 기록이 있다. 이러한 기록을 토대로 짐작컨대 이상설은 독립협회의 애국계몽운동과 만민공동회의 열기가 고조되던 무렵에는 이미 신학문에 관한 수준이 나라와 백성을 걱정하는 우국충정의 새로운 정강을 만들 수 있을 정도에 이르렀던 것으로 여겨진다.

이상설의 이 같은 신학문의 수학은 거의 독학에 의한 것으로 여겨진다. 당시 미국인 선교사이며 육영공원의 교사로 초빙된 후 광무황제의 외국인 고문과 한성사범학교 교사를 지내고 훗날 이상설의 헤이그 사행에 큰 밑받침의 역할을 한 헐버트 박사와 정치적으로 교분이 두터워, 그로부터 영어와 불어 등의 외국어와 외국 신학문의 지도를 많이 받은 것 같다. 이상설은 헐버트를 통해 외국의 신간서적을 널리 구입하여 새로운 정치사상을 수용한 것으로 여겨진다.

이상설이 신학문을 수학할 때 쓴 것으로 지금 전해지고 있는 국제법인 『신간섭』을 비롯하여 수학인 『수리』, 서양과학(식물학, 화학, 물리학)을 요략 정리하고 선록하여 필사한 『식물학』, 『화학계몽초』, 『백승호초』와 계약법 등의 법률인 『법학민초』, 『조세론』, 정치서인 『국가론』, 『법국율례』 등의 번역서와 그의 저술인 『중학수학 교과서』 등의 자료는 그의 신학문을 뒷받침하는 자료이다.

이상설은 독학으로 수학한 신학문 중에서도 특히 근대 고등 수학 분야에서는 거의 독보적이었다는 평가를 받는다. 1907년 이상설이 간도에 설립한 서전서숙에서는 직접 학생들에게 수학을 강의하기도 했다. 또한 이상설은 성균관에 최초로 근대 수학과 과학 과목을 도입하여 성균관의 학생들을 교육시켰다. 이러한 활동 등을 통해 이상설은 우리나라 '근대 수학과 과학 교육의 아버지'로 불리고 있다.

이상설이 이렇게 수학한 수많은 책자들에 얽힌 일화도 있다. 당시 수많은 외국 책자들이 이상설의 진천 고향집에 남아 있었는데, 모두 고물로 처분될 뻔한 것을 당시 부통령으로 재직하던 친구 이시영이 이를 알고 회수하여 국회도서관에 기증하기도 하였다. 일찍이 이상설의 학문과 그 능력을 인정한 정인보는 『담원문록』에서 이렇게 말했다.

> 문장은 경교를 넘고, 성리학은 그 근본을 뚫었도다. 깊은 생각은 역학과 수학을 통달하고 정치와 법률에 정통하였다. 의학은 모르는 것이 없고, 역사와 지리는 더욱 깊었다. 외국어 정도는 오히려 얕은 데 속하여 스승 없이 영어를 능통하도다. 러시아 학문도 통하였고, 톨스토이와도 사귀었네.

영국인 베델과 양기탁과 같은 항일 독립지사들이 함께 만든 《대한매일신보》는 1905년 11월 24일자 기사에서 이례적으로 개인 이상설의 학문을 거론하기도 했다. 이 기사는 당시 영국인 베델이 쓴 기사로 추정된다.

이상설은 대한에서 학문으로 제일류이다. 일찍이 학문적 소양으로 재성이 뛰어나고 조예가 깊어 동서 학문을 거의 다 밝게 깨닫고 정밀하게 연구하므로 성리학과 문장, 그리고 법률, 정치, 산술 등의 학문이 모두 뛰어나고 풍부하다. 이로 말미암아 성명과 칭찬이 자자하여 한인의 여론이 모두 말하기를, 이분이 만약 조정의 윗자리에 앉으면 문명의 정치를 가히 이룰 수 있다 한다. 이는 또한 외국 사람으로 한국에 온 이는 모두 다 익히 들은 바다.

비단 베델뿐만 아니라 많은 이들이 이상설의 학문에 대해 찬사를 아끼지 않았다. 백암 박은식, 회당 장석영, 중국 문인 관설재, 이승희, 조완구, 안숙, 안중근 등이 그러한 인물들이다. 일본에서 법학을 전공하고 귀국한 장도, 이면우, 석진형 같은 사람들은 이상설을 방문하여 법학을 토론하고 이상설의 강론을 들었다. 이상설은 세계 각국 법률의 기원에서부터 근대의 비교법에 이르기까지 법학에 관한 심오한 논리를 전개하여 그들을 감탄시켰다. 그들은 후일 법관으로 계속 근무했다.

이러한 사례는 종교적인 방면에서도 비슷한데, 불교를 오래 전공한 사람도 이상설에게 와서 오랫동안 그의 강론을 들었고, 프랑스에서 10년 이상 공부하고 돌아온 천주교인 방재만도 결국 이상설의 강론을 듣고 탄복했다. 특히 이상설은 고등 수학에 뛰어났는데, 일본에서 수학을 전공한 남승희도 그의 고등 수학 실력에 놀랐다고 한다.

5. 구국 독립운동 사상

안타깝게도 지금까지 남아 있는 이상설의 유고는 거의 없다. 그는 눈을 감기 전, 자신의 육신과 유고들을 남김없이 불태울 것을 유언으로 남기기도 했다. 이것은 그의 담백한 성격과 오랜 망명 생활에서 체득한 무의 철학에서 기인하는 것으로 생각된다. 현재 우리가 기록으로 찾아볼 수 있는 이상설의 글은, 다른 사람의 글이나 신문기사 혹은 우연히 남아 있는 것이 전부다. 그는 전통 유학에 바탕을 두고 새로운 서양 학문을 독학으로 배웠다.

이상설은 신구 학문을 배우는 과정에서 어느 한 쪽의 틀에 얽매이지 않고 균형 감각을 가지려 노력했고, 양명학에서 나오는 지행합일 사상과 민족주의적 개화사상이 결합된 개화혁신 사상이 그를 일으키는 동력이 되었다고 할 수 있다. 이러한 점은 이상설이 젊은 시절에 썼던 글을 통해 미루어 짐작할 수 있다. 다음은 1895년 11월 그의 나이 16세이던 때에 동향 친구이며 인척인 안숙이 쓴 〈비유자문답(非有子問答)〉의

서문으로 쓴 글이다.

운산을 잘하는 사람은 반드시 분수에 밝아 절승하고, 행기를 잘하는 사람은 형국을 살펴 착수한다고 한다. 이로써 보더라도 나라를 잘 다스리는 사람은 모름지기 그 요령을 잘 얻어 때에 따라 알맞게 조치하므로 그 짜 맞추는 것은 마치 요리사가 탕국을 조리하는 것과 같아서 쓰고 짠 것을 각각 그 맛에 알맞게 하는 것이다.

지금 정치를 하는 사람의 병폐는 두 가지가 있다. 그 하나는 전통과 구습에 얽매인 사람들로 시제의 발전을 알지 못하여 개혁을 하지 못하고 옛것에만 빠져 있는 것이요, 다른 하나는 개화에 급급하는 사람들로 근저를 굳게 갖지 못하고 자기 것만 옳다고 주장하는 과실이 있는 것이다. 그러므로 고지식하여 결국 발전할 기약이 없는 것이다.

나의 벗 안상 사숙은 호서의 기대주라 나와 사돈의 정의가 있어 늘 보고 만나는데, 그 아담하고 묵중한 민첩성이며, 학문이 넓고 생각이 깊어 진실로 대단한 사람인데 세상에 알아주는 사람이 없어 울부짖는 심정으로 글을 써서 그 비분강개하는 심정을 모아 책을 지어서 〈비유자문답〉이라 제명했다(『나라사랑』, 제20집, 외솔회, 1975).

이상설의 이러한 신구 학문에 대한 균형 감각은 특히 애국계몽운동으로 이어질 수 있었다. 1906년 헤이그밀사로 떠날 때, 북간도 용정에서 최초의 해외 신교육 기관인 서전서숙을 설립하고 직접 강단에서 수학을 가르친 것에서 이를 미루어 짐작할 수 있다.

2장

과거 급제와 관직 생활

1. 과거 급제와 출사

　이상설이 처음으로 관계에 진출한 것은 그가 25세 때이던 1894년의 일이었다. 그는 이승만, 김구와 함께 응시한 조선왕조 최후의 과거인 갑오문과 병과에 응시하여 급제하면서 관직생활을 시작하였다. 이때 이상설은 영재 이건창과 위당 안숙 그리고 의당 박세화 등으로부터 축하와 칭송을 받았다. 이후 이상설은 한림학사에 제수되고 이어 세자의 시독관이 되었다. 그러나 참으로 안타깝게도 그는 시대를 잘못 맞이하고 있었다. 이상설의 문명과 큰 포부를 실천하기에 매우 어려운 시국을 맞이했던 것이다. 1894년 1월, 조선은 시대적 소용돌이로 빠져들었다. 왕조의 질서를 뒤흔들려는 갑오 동학농민전쟁과 이를 구실로 청일전쟁이 일어났고, 이때에 조선에서 일본이 갑오개혁을 강제 시행하기에 이르렀던 것이다.

　결국 1895년 4월 7일 이상설은 갑오개혁의 일환으로 승정원을 개편한 비서감의 좌비서원랑에 제수되었다. 좌비서원랑은 고종의 최측근에서 국정에 간여할 수 있는 승지 자리의 관직이었다. 그러나 그는 1개월을 근무하고 5월 8일 이후는 벼슬길에 나가지 않아 6월 17일에는 그 직위에서 해임되었다. 아마 사직 상소를 올리고 자퇴하였을 것으로 추측된다. 일본이 주도하던 갑오개혁 이후의 시국 변천이 그로 하여금 자퇴하게 하였을 것으로 여겨진다.

그러던 중, 1896년 1월 22일 이상설이 27세를 맞이하던 때에 성균관 교수 겸 관장에 임명되었다. 당시 성균관은 갑오개혁의 일환으로 개편되었다. 하지만 여전히 조선왕조의 최고 교육기관으로서의 성균관의 권위는 남아 있었고, 이상설은 성균관의 대사성에 임명된 것이다. 이는 이상설의 문명과 학식을 높이 평가하여 그를 발탁하고 제수한 것이라 볼 수 있다. 그러나 여기에도 오래 봉직하지 못하고 한 달 만인 2월 22일에는 한성사범학교 교관에 전임되었다. 아마도 이때부터 이상설은 개화혁신사상에 젖어 있었는지도 모르겠다.

당시 이상설은 앞서 이건창이 칭송하였듯이, 율곡 이이를 계승할 만한 큰 학자로 촉망받던 유학자이지만 아무래도 시대의 흐름은 거스르지 못했을 수도 있다. 신학문이 시대의 조류와 국가혁신의 기본이란 뜻에서 신교육에의 헌신을 자원했을지도 모를 일이다. 이상설의 당시 시대를 내다보는 정치관은, 이미 이 무렵에 앞에서 기술한 〈비유자문답〉 서문에서 보듯이 주체의식과 개화혁신사상이 강함을 엿볼 수 있다.

1896년 이상설은 한성사범학교 교관도 근 한 달 만인, 그해 3월 25일에는 사임하였다. 그리고 다음 달인 4월 19일에는 탁지부 재무관 주임관에 제수되었으나 6월 20일에 의원 사임하였다. 이 탁지부 재무관은 처음부터 사양하고 벼슬에 나가지 않았다. 추측컨대 당시 정부에서는 누구보다 이상설의 능력을 높이 샀고, 그래서 이상설의 뜻에 반하여 그 당시 정부로선 중요하다고 생각한 탁지부의 재무관으로 재임시켰던 것 같다.

이 무렵 국제정세의 방향은 청일전쟁이 일본의 승리로 끝나 일본 세력의 한국 침략이 득세하는 듯이 보였다. 그러나 일본 세력의 득세는 그들의 뜻대로 되지는 않았다. 곧 러시아가 주동한 러시아·프랑스·독일의 삼국간섭으로 다시 일본 세력은 이들에게 견제를 당하게 되었다. 그 후, 이를 만회하려던 일제는 1895년에 을미사변을 일으켰다. 당시 주한공사 미우라 고로가 수십 명의 일본인 낭인과 일본 수비대를 하수인으로 고용하여 1895년 8월 20일 명성황후를 시해하는 을미사변을 일으킨 것이다.

일제의 하수인들은 고종과 명성황후의 침소인 건청궁에 난입하여 고종에게 미리 준비한 왕비의 폐출조서에 서명을 강요하며 위협했다. 이어 궁내부대신 이경직을 살해한 뒤, 옥호루에서 명성황후를 무참하게 시해하고 시신을 화장하는 야만적인 행동을 저질렀다. 12월 1일 고종은 정식으로 명성황후가 승하했음을 발표했다. 이후 단발령과 건양 연호의 사용, 친위대·진위대 등으로 군제 개편, 소학교령 공포, 태양력 사용 등의 개혁정책을 시행했다. 그러나 황후 시해에 대한 국민들의 반일감정이 극도에 달한 상황에서 친일내각이 추진한 개혁은 전국적인 반일의병을 불러일으키는 계기가 되었다.

그러나 대한제국을 둘러싼 정국은 또다시 반전하였다. 이에 러시아
의 후원하에 광무황제의 아관파천이 단행되었다. 이로 인해 정국은 친
러 세력이 급팽창하는 등, 외세에 의한 극도의 정치 불안 속에 잠기게
되었다.

(청일전쟁 승리로 조선에 대한 우월권을 확보한 일본은 중국으로부터 요동반도를
할양받는 등 대륙침략의 발판을 마련했다. 그러자 일본의 독주를 우려한 러시아는
삼국간섭으로 요동반도를 반환하게 했다. 러시아 공사 베베르는 명성황후의 세력에
게 친러정책 실시를 권유했다. 이에 일본공사 미우라 고로는 1895년 8월 20일 을미
사변을 일으켰으며, 친일내각은 단발령 실시를 비롯한 개혁사업을 재개했다. 그러나
명성황후 시해와 단발령은 반일감정을 폭발시켜 전국적인 의병봉기가 일어났다. 명
성황후가 시해된 후 친미·친러 세력은 고종에게 안전을 위해 잠시 러시아 공사관으
로 옮길 것을 종용했다. 1896년 2월 11일 새벽, 고종은 극비리에 러시아 공사관으로
파천했다. 아관파천을 계기로 친러파가 정권을 장악하고 전제왕권이 다시 강화되었
다.)

당시 대한제국의 국내 정국은, 청일전쟁과 갑오개혁을 통한 일제침
략에 항거하는 지방의 의병봉기와 개화혁신을 주도하려는 개화 세력인
독립협회의 활동이 활기차게 일어나고 있었다. 이와 같은 시국에서 이
상설은 판단했을 것이다. 러시아 공사에게 견제되는 러시아 공사관에
서의 친러 정부 속에 들어가 자신의 재능을 편다는 것은 객관적으로도
타당성이 없었고 또한 벼슬할 명분도 없었던 것이라고 짐작된다.

이상설은 한 치 앞을 알 수 없는 대한제국의 당시 상황 속에서 벼슬을 단념한 후 당분간 후일을 기약하고 학문에 전념한 것 같다. 한때는 다시 성리학 연구에 몰두하여 의관을 정제하고 종일 꿇어앉아 명상에 잠길 때도 있었다고 한다. 그러나 이상설은 이미 신학문을 익히고 개화혁신사상을 견지하였기 때문에 구학문에 얽매여 있지 않았다.

그는 곧 이회영, 여조현, 이강연, 이시영, 이범세, 서만순 등 명사들과 교유하면서 외국의 신간서적을 구입하여 신사조를 더욱 연구하는 한편 개화혁신을 통하여 구국의 경륜을 이룰 수 있는 신정강을 준비하면서 그것을 실천할 자금을 마련하고 있었던 것 같다. 이 같은 이상설의 동정을 『우당 이회영 실기』에서는 다음과 같이 기술하고 있다.

> 1898년 9월에 선생(이회영), 이상설, 여준 세 선생이 남산 홍엽정에 올라가 사방을 바라보니 가을의 회포에 비분강개하여 유연히 길게 탄식하고 고금을 담론하니 근심이 불타는 듯 하였다. 슬프게도 우리 황제 폐하는 병인양요, 임오군란, 갑신정변, 동학난, 청일전쟁, 을미사변 등의 끊임없는 변란으로 고통과 공포와 위협과 치욕을 고루 겪어왔다. 그런데 인재가 없고 쇄국 정책으로 정가의 식견이 천박하고 동포사상이 우매하니 이 어찌 외세의 풍파가 극렬한 20세기에 우리 민족이 국가를 보유하고 지내리오. 2,000만 동포는 각성하고 분연히 일어나 민지를 계명하며 정치를 쇄신하여 문화가 발전되고 풍기가 선명하여서 독립과 자율을 완전하게 하고 세계 열강과 더불어 경쟁한 연후에 보국안민을 기

약할 수 있을 것이다. 이렇게 의견을 같이한 후 선생(이회영)이 보재(이
상설) 선생과 숙의하시고 보재 선생 사택에 서재를 만드시고 선생(이회
영), 보재 선생, 여준, 이강연 등 여러 선생이 모여서 상의하시고 정치,
경제, 법률, 동서양사 등 신학문을 연구하여 치국훈민의 신정강을 준비
하시고 또 다른 날에 나라 일을 실천할 자금을 마련하고 있었다.

이상설이 관직에 나갔다는 기록은, 탁지부 재무관 벼슬에 나가지 않
은 후 한동안 문헌에서 찾을 수 없다. 그러나 그가 35세 때인 1904년 1
월 14일에 궁내부 특진관에서 해임된 기록이 관보에 보인다. 그러나 탁
지부 재무관 때 주임관 6등이던 것이 이때 종2품으로 승급된 것을 보면,
그동안 이상설은 관계에 누진하고 관직도 여러 차례 제수된 것이라 볼
수 있다. 하지만 그때마다 실직에 나아가지 않았던 것 같다.

1905년 10월 27일이 되어서야 이상설이 벼슬길에 오른 것을 확인할
수 있다. 일본의 한국 식민지화를 위한 러일전쟁이 일본의 승리로 굳어
져 가던 무렵에 관제이정소의 의정관으로 임명되었다. 의정관은 의정
대신 박제순과 참정대신 신기선 이하 주로 각부 대신 급 16명으로 구성
된 관제개혁기구이고 이상설도 종2품으로 이미 대신급 참여기구에 참
여한 것이다. 그러나 대한제국의 정국 속에서 이 기구도 당시 일제의 견
제에 의하여 제대로 기승을 발휘할 수 없는 처지가 되었던 상황에서, 이
상설은 관직에서 별 성과를 내지 못한 것으로 짐작된다.

이상설은 그 후 36세 때인 1905년 9월 6일에 학부협판에 제수되고 이

어 다음 달인 9월 21일에는 법부협판으로 전임되었다. 그리고 이상설이 최후의 관직인 정2품 의정부 참찬에 발탁된 것은 그해 11월 1일이었다.

2. 일제 황무지개척권 반대상소

　러일전쟁은 1904년 2월 8일에 발발하여 1905년 가을까지 계속된 전쟁으로 러시아 제국과 일본 제국이 한반도에서 주도권을 쟁취하려는 무력 충돌이었다. 러일 전쟁의 주요 무대는 만주 남부, 특히 요동 반도와 한반도 근해였다.

　블라디보스토크는 러시아 제국이 사용할 수 있었던 유일한 부동항으로, 여름에 주로 이용되었으며 여순 항(당시는 Port Arthur)은 연중 사용할 수 있었다. 청일전쟁 이후인 1903년 8월에 진행되기 시작한 러시아 차르 정부와 일본 간 협상에서 일본은 만주에서 러시아의 주도권을 인정해 주는 대신 한반도에서 일본의 주도권을 요구하였다. 하지만 러시아는 이를 거부하고 한반도를 북위 39도선을 경계로 북쪽은 러시아, 남쪽은 일본으로 하는 분할통치안을 역제안하였으나 결렬되었다. 일본은 1904년 협상 결렬 후 러시아가 향후 전략적 이익을 위해 전쟁을 선택할 수 있다고 판단하고, 대한제국에 대한 독점적 영향력을 얻기 위해 전쟁을 선택하였다.

만주와 한반도의 지배권을 둘러싸고 러시아와 각축을 벌이던 일본이 1904년 2월 6일 러시아에 최후통첩을 발하고, 8일에는 선전포고도 없이 일본 해군이 인천의 러시아 군함을 격파하면서 전쟁을 도발했다. 일본은 러일전쟁을 일으키면서 조선을 식민지화하기 위해 2개 사단을 파견하여 용산 등 군사적 요지를 점령했다. 일본은 이런 와중에 (6월) 전국 황무지개척권을 조선 조정에 강요했다. 이 무렵 이상설은 궁내부 특진관을 사임하고 종2품 가선대부라는 품계는 있지만 관인의 신분은 아니었다.

일본은 조선의 영토 야욕을 노골화하였다. 6월 6일에는 주한일본공사 하야시 곤스케를 통해 조선 정부에 〈황무지 개척권 요구 계약안〉을 제시했다. 전국의 토지를 일본인이 개간하는 권리와 수익권을 향후 50년간 보장하라는 내용이었다. 대신들 중에서 일본의 요구를 들어주어야 한다는 주장이 나왔다.

이상설은 6월 22일 정삼품 통정대부 박승봉과 함께 이를 반대하는 장문의 상소를 올렸다.

토지란 것은 국가의 근본이고 토지가 없으면 이 국가도 없을 것이며, 재물이란 것은 백성의 근본이고 재물이 없으면 이 백성도 없을 것입니다. 토지라는 이름만 있고 그 실상이 없으면 토지가 없는 것과 같고 재물의 근원은 있으나 다스릴 줄 모르면 재물이 없는 것과 같습니다.

그러므로 백성을 기르고자 한다면 먼저 그 재물을 풍부하게 할 것이며, 재물을 풍부하게 하려면 먼저 토지의 이를 다해야 할 것입니다. 그리고 재물을 나도록 하는 것이 또한 여러 가지인데, 실과 마, 오곡은 밭에서 나고 옥과 금, 재목은 산에서 나며, 해물의 생산과 관개의 이익은 천택과 하해에서 알맞게 되는 것입니다.

엎드려 보건대 수년 이래로 재원을 외국인에게 양여한 것이 너무도 많습니다. 어채는 일본에, 삼림은 러시아에, 철도는 미국과 일본에, 광산은 미국, 일본, 영국 독일에 모두 양여하여 우리의 한정이 있는 지하 재원을 저들에게 나누어주고 있습니다. 신등은 매번 한두 번씩 양여했다는 말을 듣고 일찍이 놀라며 원통하게 여기지 않을 때가 없습니다.

국가가 본래 빈약하여 재원이 얼마 되지도 않으며 토지는 벌써 다했는데, 저들의 구함은 장차 한량이 없을 테니 자그마한 우리 대한제국으로서 열강의 계학 같은 욕심을 능히 채워줄 수 있겠습니까? 비록 오늘날에 자력이 넉넉지 못하고 기술도 정밀치 못하여 기계도 교하지 못하고 영업도 진보가 안 된다 하더라도 모름지기 삼가 지켜서 잃지 말고 후일을 기다릴 것이며, 가볍게 시행하고 허가하기를 이와 같이 쉽게 할 것은 아니라고 생각됩니다.

신등은 근래에 관보에 기재한 바를 통해서 듣자니, 일본 공사가 그 나라 사람인 나카모리를 위해서 산림, 천택, 진황, 원야의 개척 권한을 우리에게 요구하는바 외부로부터 정부 및 궁내부에 조회한다 하오니 지금 비밀로 교섭 중이므로 허가 여부는 진실로 신등이 미리 알 수 없는 것이

오나, 참으로 이와 같다면 이것은 칼을 거꾸로 잡고 자루는 남에게 주는 것이니 절대 불가하옵니다.

말하는 자는 혹 이르기를 '오늘날 허가하는데 두 가지로 이익이 있고 한 가지도 해로움이 없는 것이니, 먼저 그 보수를 받아서 국고를 유익하게 하는 것이 첫째 이익이고 따라 배워서 예술을 본받는 것이 둘째 이익이며, 합동한 기한이 찬 다음에는 예전대로 되돌리는 것이니 한 가지도 해로움이 없다'고 합니다. 그러나 이런 말을 하는 자는 나라를 파는 자입니다. 약한 자가 강한 자에게 이미 주고서 되돌려 받은 자를 보지 못하였습니다. 처음에 요구하는 일을 능히 막지 못하고 후일의 무한량한 요구를 어찌 능히 막을 수 있을 것이며, 또 개업할 자금을 허가하기 전에 능히 판출하지 못하면서 속환할 자금을 벌써 허가한 후에 어찌 능히 판출하겠습니까?

여러 백성은 파리하게 만들면서 외국 사람은 살찌게 하고, 본국을 팔아서 딴 나라에 아첨하니 다만 국민의 죄인일 뿐 아니라, 또한 우리 조종과 폐하의 죄인입니다. 정부 여러 신하로서 결코 이것이 없을 것이나, 혹 정부 여러 신하에 그릇된 소견으로 의결이 있었다 하더라도 우리 성천자께서 일월 같이 밝으심으로써 우리 조종조의 큰 기업을 빛나게 잇고, 우리 조종조의 적자를 어루만지고 보살펴서 밤낮으로 걱정하고 경계하여 날마다 번영하고 부서한 방법을 강구하시니, 어찌 갑자기 재가하기를 좋아해서 여러 신하의 그릇된 의결을 깊이 살피지 않겠습니까?

또 옛말에 '나무가 썩은 후에 벌레가 생긴다' 하였으니 오늘날 일본 사람의 이러한 요구가 있는 것은 까닭이 있습니다. 오늘날 계획을 하자면 다만 위와 아래가 힘껏 도모하는 데 있사오니 빨리 실업학교를 넓혀서 그 씨앗을 심고 채취하는 방법을 익혀서 용도를 줄이고 부비를 절약하여 그 힘을 넉넉하게 하고, 기계를 구입하는 계책도 구하면, 백성에 편리하고 국가에 이로운 정사가 머리를 틀면 세목이 펼쳐지는 것처럼 해서 오직 날로 부지런히 실효를 거두기를 힘써야 합니다.

저 산림, 천택, 원야의 이익이 날마다 더하고 달마다 더해서 개척하기를 기필하지 않아도 저절로 개척되어 모두 우리의 소득과 향락이 된다면, 외국 사람이 비록 삼켜 먹으려 하고 손을 쓰며 하더라도 반드시 방자해 할 말이 없을 것입니다.

감이 외람됨을 피하지 않고 정성스런 마음으로 아뢰오니 성명께서는 깊이 생각하셔서 빨리 이 상소를 정부에 내리시어, 과연 이런 의논이 있거든 엄하게 물리쳐서 정부 여러 신하에게 경계하고, 두려움을 알게 하여 감히 못 하도록 하신다면 국가도 매우 다행이고 생민도 매우 당행할 것인바, 신등이 간절하고 격동되는 지극한 심정을 견디지 못하여 삼가 죽음을 무릅쓰고 올리나이다(「이상설 상소문」, 『나라사랑』 제20집, 외솔회, 1975).

이상설이 올린 이 상소는 전국에 알려지게 되었다. 이에 따라 조야의 반대 상소가 잇따르고 만민공동회를 방불케 하는 보안회가 소집되는 등 일제 침략에 대한 군중대회가 연일 계속되었다. 이와 같은 일련의 일들을 계기로 고종은 일제의 요구를 물리칠 수 있었다. 고종이 이상설 등이 올린 상소를 받아들였다 하여 '광무가지(光武嘉之)'라는 말이 전해지고 있다.

3. 을사늑약을 막고자

러일전쟁이 일어나자 일제는 1904년 2월 23일 한일의정서를 강제로 체결하고, 그해 5월 각의에서 대한방침(對韓方針) · 대한시설강령(對韓施設綱領) 등 한국을 일본의 식민지로 편성하기 위한 새로운 대한정책을 결정하였다.

이어서 그 해 8월 22일에는 제1차한일협약(한일외국인고문용빙에 관한 협정서)을 체결, 재정 · 외교의 실권을 박탈하여 우리의 국정 전반을 좌지우지하게 되었다.

그 사이 러일전쟁이 일제에게 유리하게 전개되어 아시아에 대한 영향력이 커지자, 일본은 국제관계를 주시하며 한국을 보호국가로 삼으려는 정책에 더욱 박차를 가하게 되었다. 그러자면 한국과 외교관계를 맺고 있는 열강의 묵인이 필요하였으므로 일본은 열강의 승인을 받는 데 총력을 집중하였다.

먼저 1905년 7월 27일 미국과 가쓰라-태프트 밀약을 체결하여 사전

묵인을 받았으며, 8월 12일에는 영국과 제2차 영일동맹을 체결하여 양해를 받았다. 이어서 러일전쟁을 승리로 이끈 뒤 9월 5일 미국의 포츠머스에서 맺은 러시아와의 강화조약에서 어떤 방법과 수단으로든 한국 정부의 동의만 얻으면 한국의 주권을 침해할 수 있다는 보장을 받게 되었다.

일본이 한국을 보호국으로 삼으려 한다는 설이 유포되어 한국의 조야가 경계를 하는 가운데, 1905년 10월 포츠머스회담의 일본 대표이며 외무대신인 고무라 주타로(小村壽太郎), 주한일본공사 하야시 곤스케(林權助), 총리대신 가쓰라 타로(桂太郎) 등이 보호조약을 체결할 모의를 하고, 11월 추밀원장(樞密院長) 이토 히로부미(伊藤博文)를 고종 위문 특파대사(特派大使) 자격으로 한국에 파견하여 한일협약안을 한국정부에 제출하였다.

11월 9일 서울에 도착한 이토 히로부미는 다음 날 고종을 배알하고 "짐이 동양평화를 유지하기 위하여 대사를 특파하오니 대사의 지휘를 따라 조처하소서"라는 내용의 일본왕 친서를 봉정하며 일차 위협을 가하였다. 이어서 15일에 고종을 재차 배알하여 한일협약안을 들이 밀었는데, 매우 중대한 사안이라서 조정의 심각한 반대에 부딪혔다.

1905년 11월 1일 이상설이 36세이던 무렵, 그는 다시 의정부참찬에 발탁되었다. 당시 대한제국 정부는 일제의 국권침탈이 가속화되자 이상설의 능력을 높이 평가하여 그를 다시 관직으로 불러들인 것이다. 당시 조선의 국운이 바람 앞에 등불 격으로 경각에 치닫자 이상설 또한 언제까지나 재야에 머물 수만은 없었던 것으로 짐작된다.

매국조약은 유약한 군주와 이미 일제에 포섭된 매국대신들에 의해 사전에 마련한 시나리오대로 진행되었다. 이상설은 이런 사태 속에 의정부 참찬에 취임하여 일차적으로 조약 체결 저지에 힘썼다. 그 방법이란 '위로는 황제가 순사직의 결심으로 반대하는 것이요, 이를 이어 참정대신 이하 각 대신이 순국의 결정을 내려 어떠한 사태가 닥쳐도 일제의 요구를 거절하는 것'이었다. 그리하여 그는 각 대신을 찾아다니면서 조약체결이 곧 '국망'이고, 민족이 '왜적의 노예'가 되는 바임을 역설하면서 순국 반대의 결의를 촉구하였다.

4. 이상설이 펼친 늑약 저지 활동

국가 운명이 경각에 달린 이 시기 이상설의 역할에 관해 동지였던 이
시영은 이렇게 증언하였다.

조약이 제출된다면 그것은 망국조약이 될지니 이것은 우리가 위급 존
망의 중요한 때를 당하였도다. 그런 즉 우리가 급히 대책을 강구하여야
할지로다. 보재군이 의정부 참찬의 직을 가졌으니 참정대신 한규설과
미리 숙의하되 이토 히로부미가 조약을 제출하고 날인을 청구할 때에는
한참정은 굳게 장담하고 옛날 청음 김상헌을 본받아 조약서를 찢고 이
토 히로부미를 꾸짖으라고 힘써 권하고 내 동생 시영이 외부 교섭국장
직책을 가졌으니 외부대신 박제순을 만나서 한참정에게 한 동일한 언사
를 권하게 하라 말하고 계정 민영환에게 시종무관장 직책을 갖고 항상
황제 지척에 있으시니 만일 이토 히로부미가 어전에 조약을 제출하거든
황제 폐하께서는 어보를 허락하지 마시라고 민공께 가서 말하라고 하셨

다. 보재 선생이 계정 민공을 가 만나 보시고 이토 히로부미가 한국에 대하여 화심을 포장하고 왔을 것을 상담하시고 이에 대책으로 황상 폐하께 저청할 것과 한참정, 박대신에게 권할 것을 말씀하시니 민공이 답하시되, "나도 한, 박 두 대신에게 정위 오상근 군을 몰래 보내어 권고코자 하노니 참찬군도 주마가편 격으로 이토 히로부미의 대책을 설명하고 국사를 그르치지 않게 하라고 한, 박 두 개신에게 힘써 권하라"하시고 또 "황상 폐하께는 내가 상세히 아뢰겠다"하시더라. 이에 보재 선생이 한, 박 두 대신에게 이토 히로부미에 대하여 여차여차히 할 것을 극언하시니 두 대신이 승낙하더라. 보재 선생이 선생을 내방하시고 말하되, "민, 한, 박 삼공에게 모의하신 것이 다 뜻대로 되었다"하니 선생이 말하되, "우리가 장래의 일에 대하여 조심해야 할 것이다. 외대신 박제순은 주무대신인 즉 책임이 중하도다. 내 동생 시영으로 하여금 박 대신에게 곁에서 살피게 위촉하고 한참정은 통독수상인 즉 각국무대신에 향배 여하를 살펴 생사를 함께할 것을 도모하라. 보재군은 한참정에게 의견을 바라노라."두 선생은 이와 같이 다시 의논하시고 이토 히로부미의 동정을 주목하시더라.

이상설과 이시영 등 강직한 소장 지사들의 조직적인 저지 준비로 을사늑약 체결이 쉽지 않자 이토 히로부미는 각본대로 폭력수단을 동원하는 방법을 썼다.

일본은 을사늑약을 강행하기 위해 10월 하순 만주에 주둔해 있던 일본군을 조선수비대라는 명목으로 한국으로 이동시켜 서울을 비롯하여 전국 각지에 분산 배치시켰다. 특히 어전회의가 열리는 경복궁은 중무장한 일본군이 완전 포위하였고, 서울 시내 각 성문과 중요 지점도 무장군인과 헌병을 배치하여 물샐틈없는 공포, 감시체제를 구축하였다.

일본이 이처럼 계엄 상태를 방불케 하는 경계에 나선 것은 을사늑약을 반대하는 민중의 궐기에 대비하는 동시에 대한제국 정부를 위협하여 조약을 강제로 성립시키기 위한 공포 분위기를 조성하기 위해서였다.

11월 17일에는 일본공사가 한국정부의 각부 대신들을 일본공사관으로 불러 한일협약의 승인을 꾀하였으나 오후 3시가 되도록 결론을 얻지 못하자, 궁중에 들어가 어전회의(御前會議)를 열게 되었다.

이 날 궁궐 주위 및 시내의 요소요소에는 무장한 일본군이 경계를 선 가운데 쉴 새 없이 시내를 시위행진하고 본회의장인 궁궐 안에까지 무장한 헌병과 경찰이 거리낌 없이 드나들며 살기를 내뿜고 있었다. 그러나 이런 공포 분위기 속에서도 어전회의에서는 일본 측이 제안한 조약을 거부한다는 결론을 내렸다.

이에 이토 히로부미가 주한일군사령관 하세가와 요시미치(長谷川好道)와 함께 세 번이나 고종을 배알하고 정부 대신들과 숙의하여 원만한 해결을 볼 것을 재촉하였다.

고종이 참석하지 않은 가운데 다시 열린 궁중의 어전회의에서도 의견의 일치를 보지 못하자 일본공사가 이토 히로부미를 불러왔다. 하세가와 요시미치를 대동하고 헌병의 호위를 받으며 들어온 이토 히로부미는 다시 회의를 열고, 대신 한 사람 한 사람에 대하여 조약체결에 관한 찬부를 물었다.

이 날 회의에 참석한 대신은 참정대신 한규설(韓圭卨), 탁지부대신 민영기(閔泳綺), 법부대신 이하영(李夏榮), 학부대신 이완용(李完用), 군부대신 이근택(李根澤), 내부대신 이지용(李址鎔), 외부대신 박제순(朴齊純), 농상공부대신 권중현(權重顯) 등이었다.

이 가운데 한규설과 민영기는 조약체결에 적극 반대하였다. 이하영과 권중현은 소극적인 반대의견을 내다가 권중현은 나중에 찬의를 표하였다. 다른 대신들은 이토 히로부미의 강압에 못 이겨 약간의 수정을 조건으로 찬성 의사를 밝혔다. 격분한 한규설은 고종에게 달려가 회의의 결정을 거부하게 하려다 중도에 쓰러졌다.

이날 밤 이토 히로부미는 조약체결에 찬성하는 대신들과 다시 회의를 열고 자필로 약간의 수정을 가한 뒤 위협적인 분위기 속에서 조약을 승인받았다. 박제순·이지용·이근택·이완용·권중현의 5명이 조약체결에 찬성한 대신들로서, 이를 '을사오적(乙巳五賊)'이라 한다.

을사조약은 일제의 강압에 의하여 박제순과 일본특명전권공사 하야시 곤스케 사이에 체결되었는데, 그 내용은 다음과 같다.

한국정부 및 일본국정부는 두 제국을 결합하는 이해공통의 주의를 공고히 하고자 한국의 부강의 실(實)을 인정할 수 있을 때에 이르기까지 이를 위하여 이 조관(條款)을 약정한다.

제1조, 일본국정부는 재동경 외무성을 경유하여 금후 한국의 외국에 대한 관계 및 사무를 감리(監理), 지휘하며, 일본국의 외교대표자 및 영사는 외국에 재류하는 한국의 신민(臣民) 및 이익을 보호한다.

제2조, 일본국정부는 한국과 타국 사이에 현존하는 조약의 실행을 완수할 임무가 있으며, 한국정부는 금후 일본국정부의 중개를 거치지 않고는 국제적 성질을 가진 어떤 조약이나 약속도 하지 않기로 상약한다.

제3조, 일본국정부는 그 대표자로 하여금 한국 황제 폐하의 궐하에 1명의 통감(統監)을 두게 하며, 통감은 오로지 외교에 관한 사항을 관리하기 위하여 경성(서울)에 주재하고 한국 황제 폐하를 친히 내알(內謁)할 권리를 가진다.

일본국정부는 또한 한국의 각 개항장 및 일본국정부가 필요하다고 인정하는 지역에 이사관(理事官)을 둘 권리를 가지며, 이사관은 통감의 지휘하에 종래 재한국일본영사에게 속하던 일체의 직권을 집행하고 아울러 본 협약의 조관을 완전히 실행하는 데 필요한 일체의 사무를 장리(掌理)한다.

제4조, 일본국과 한국 사이에 현존하는 조약 및 약속은 본 협약에 저촉되지 않는 한 모두 그 효력이 계속되는 것으로 한다.

제5조, 일본국정부는 한국 황실의 안녕과 존엄의 유지를 보증한다.

이 조약에 따라 한국은 외교권을 일본에 박탈당하여 외국에 있던 한국 외교기관이 전부 폐지되고 영국·미국·청국·독일·벨기에 등의 주한공사들은 공사관에서 철수하여 본국으로 돌아갔다.

이듬해인 1906년 2월에는 서울에 통감부가 설치되고, 조약 체결의 원흉인 이토 히로부미가 초대통감으로 취임하였다. 통감부는 외교뿐만 아니라 내정 면에서까지도 우리 정부에 직접 명령, 집행하게 하는 권한을 가지고 있었다.

이에 대해 우리 민족은 여러 형태의 저항으로 맞섰다. 장지연(張志淵)이 11월 20일자 《황성신문》에 논설 〈시일야방성대곡(是日也放聲大哭)〉을 발표하여 일본의 침략성을 규탄하고 조약체결에 찬성한 대신들을 공박하자, 국민들이 일제히 궐기하여 조약의 무효화를 주장하고 을사5적을 규탄하며 조약 반대투쟁에 나섰다.

고종은 조약이 불법 체결된 지 4일 뒤인 22일 미국에 체류 중인 황실 고문 헐버트(Hulburt, H. B.)에게 "짐은 총칼의 위협과 강요 아래 최근 양국 사이에 체결된 이른바 보호조약이 무효임을 선언한다. 짐은 이에 동의한 적도 없고 금후에도 결코 아니할 것이다. 이 뜻을 미국정부에 전달하기 바란다"라고 통보하며 이를 만방에 선포하라고 하였다.

이 사실이 세계 각국에 알려지면서 이듬해 1월 13일 《런던타임스》가 이토 히로부미의 협박과 강압으로 조약이 체결된 사정을 상세히 보도하였으며, 프랑스 공법학자 레이도 프랑스 잡지 《국제공법》 1906년 2월호에 쓴 특별 기고에서 이 조약의 무효를 주장하였다.

프랑스의 국제법학자 프란시스 레이는 조약 체결 직후 '대한제국의 국제법적 지위'라는 논문에서 이렇게 말했다.

극동의 소식통에 따르면 11월 조약은 일본과 같은 문명국이 도덕적으로 비열한 방법과 물리적인 강박에 의해 대한제국 정부에 강요하여 체결됐다. 조약의 서명은 이토 히로부미 후작과 하야시 공사가 일본 군대의 호위를 받는 압력 아래서 대한제국 황제와 대신들로부터 얻었을 뿐이다. 대신회의는 체념하고 조약에 서명했지만, 황제는 즉시 강대국, 특히 워싱턴에 대표를 보내서 맹렬히 이의를 제기했다. 서명이 행해진 특수한 상황을 이유로 우리는 1905년의 조약이 무효라고 주장하는 데에 주저하지 않는다.

이같이 체결된 을사오조약에 대해 이상설의 유한에는 두 가지가 있었다고 한다. 한 가지는 그동안 그와 결사반대하기로 했던 각 대신이 막상 최후에 가서 한 사람의 자결순국자도 나타나지 않았다는 것이다. 특히 수상인 한규설마저 최후까지 부자만 고집하였을 뿐 순국할 기회를 잃고 일본 병사에게 감금되어 나라를 구하는 데 큰 힘이 되지 못한 것이다. 다른 한 가지는 과감하고 충성심이 큰 충정공 민영환이 그 회의에 참석하지 않은 것이다. 후에 민영환은 이상설과의 구국약속을 지키려 했음인지 결국 자결 순국하여 민중의 각성을 촉구하기에 이르렀다.

5. 고종에게 '죽음으로 비준 거부하라' 상소

이상설은 을사늑약이 체결된 후에 절망에 빠져 두 손 두 발을 놓고 있지만은 않았다. 이상설은 자신의 소신대로 즉각 행동에 나섰다. 조약은 매국 오적만이 찬성했을 뿐 화제의 비준절차가 끝나지 않았음을 알고 즉각 상소를 통해 고종이 이를 폐기할 것을 주청했다.

엎드려 아뢰옵니다. 신이 어제 새벽 정부에서 일본과 약관을 체결하여 마침 조인까지 했다는 소식을 듣고 이르기를, 천하사 다시 어찌할 수 없구나 하고 집에 돌아와 다만 슬피 울고 힘써 자정하기를 도모하고자 상소 진정하여 면직을 바옵니다. 이제 듣자오니 그 약관이 아직 황제의 인준을 거치지 아니하였다 하오니 신의 마음에 가득 찬 위행이옵고, 국가지계로서 아직 해 볼 만한 한 길이 틔어 있구나 하고 기뻐하였습니다.

대저 그 약관이란 인준해도 나라는 망하고 인준을 아니 해도 나라는 또한 망합니다. 이래도 망하고 저래도 망할 바에야 차라리 순사(나라를 위해 죽음)의 뜻을 결정하여 단연코 거부하여 열성조의 폐하께 부비하신 중임을 저버리지 않는 것이 낫지 않겠습니까?

엎드려 원하옵건대 성상께옵서 빨리 전 참정대신 한규설의 상소한 대로 가결에 좇은 모든 대신들을 징벌하시와 극히 국법을 바로잡으시고 다시 조신 중 감당할 만한 자를 택하여 연달아 교섭을 진행케 하여 약관 인준을 엄중이 배척하시면 그나마 천하 만세에 성심의 있는 바를 알게 함이 있을 것입니다. 그렇게 아니하면 신이 만 번 죽음을 입어도 매국적과 같이 한 조정에 서기를 원하지 않습니다.

폐하께옵서 만약 신의 말이 그르다 하옵시거든 곧 신을 베어서 역적들에게 사하시고 신의 말이 옳다 하옵시거든 곧 역적들을 베어서 국민들에게 사하시옵소서, 신의 말은 이뿐이오니 다시 더 말할 바를 모르겠나이다.[5회 중 2회인 11월 19일 상소]

이상설은 이 상소에서 지금까지 그 누구도 감히 황제께 하지 못한 말을 하게 된다. 일제의 강박으로 된 문군을 약관이라 칭하면서 "인준해도 나라는 망하고 인준을 아니 해도 나라는 또한 망하니" 기왕 망할 바에는 국왕이 차라리 죽음을 택하여 저항하라고 주청한다.

당시 《대한매일신보》는 이상설의 이와 같은 행동을 보도하면서 "자고로 난세를 당하여 직신의 간언은 있어 왔지만 막중한 군부의 목숨을 끊는 순사직을 간한 신하는 그에게만 있었던 충언"이라고 격찬하였다.

하지만 이뿐이었다. 이상설과 그의 동지 이시영 등 청년지사들의 구국열정에도 이미 무너져 내리기 시작한 조선의 운명을 돌이킬 수는 없었다. 무엇보다 유약한 군주와 일제에 매수된 매국대신들, 그리고 체계적인 저항보다 단신으로 반대만 외친 참정대신 한규설 등의 유약한 처신으로 대한제국의 외교권이 강탈당하였다. 곧 통감부가 설치되고 국운은 간신히 연명되고 있었으나 그마저 남은 시간이 길지 않았다.

6. 이상설이 기록한 을사늑약

　이상설은 1907년 네덜란드 헤이그에서 열린 제2차 만국평화회의에 고종의 밀서를 갖고 정사로 임명되었다. 이상설이 이 회의에 제출한 〈공고사〉의 부속문서에서 '을사늑약'이 강제로 맺어진 정황을 상세히 기록했다. 일부를 소개한다.

　(11월) 17일 하야시 곤스케 일본대사는 모든 대신을 그들 공관으로 초치하고 다시 한 번 그들의 거부를 확인한 다음 그들이 황제 앞에서 어전회의를 개최할 것을 요청하였다. 하야시 곤스케도 이 회의에 임석하였다. 수일 간 많은 일본 병사들과 포병대들이 서울 시가지에서 시민들을 위협하기 위하여 시위하였다.

　하야시 곤스케 공사는 각의에 참석하여 대신들에게 재차 조약안의 수락을 설득시키려고 시도하였다. 여러 대신들은 이를 다시 거절하였다. 이 무렵 일본 병사들과 포병대는 왕궁을 3중으로 포위하고 훼손하여 궁궐 내에 침입하였다.

잠시 후 이토 히로부미와 하세가와 요시미치 장군이 도착하였다. 모든 대신들이 조약안을 끝끝내 반대한다는 소식을 듣고 그들은 각의를 다시 개최할 것을 대신들에게 강요하였다. 참정대신 한규설은 "여사한 조약안을 수락하기보다는 차라리 나는 죽는 편이 낫다"고 말하면서 완강히 이를 거부하였다.

이토 히로부미는 궁내부대신 이재극을 불러 즉각 자기가 황제를 알현하겠다는 것을 폐하께 요청하러 보냈다. 그는 황제께서 병중에 계심으로 알현할 수 없다는 회답을 받았다. 이토 히로부미는 "황제께서 병중이시라면 나 자신이 폐하를 알현하려 문전까지 가겠노라"고 말하였다.

그래서 폐하는 "그를 만나는 것이 무익하며 다만 대신들과 결정할 문제"라고 말씀하시었다. 이토 히로부미는 각의를 다시 시작하라는 왕명이라고 말하면서 회의실로 되돌아왔다. 그는 참사원 서기를 불러 조약문을 다시 쓰게 하였다. 참정대신 한규설, 법부대신 이하영, 탁지부대신 민영기, 외부대신 박재순이 부표를 했으나 박재순은 "조약안을 다소 수정한다면 자기는 수락할 것"이라고 투표용지 뒤에다 덧붙였다.

내부대신 이지용, 군부대신 이근택은 주한일본공사 미우라 고로가 민비(명성황후) 시해 당시인 1895년 10월 8일 밤의 비통한 장면을 환기하면서 이 사건과 같은 잔인한 만행을 재연할까 두려우므로 동료 대신에게 대국적으로 수락할 것을 권유하였다.

그리하여 이토 히로부미는 각의에서 가결시킬 것을 결심하고 대신들에게 이 조약안에 찬성하고 직인을 찍을 것을 권유하면서 일본 관리들과 헌병대로 하여금 외부대신의 직인을 탈취하여 보냈다. 이토 히로부미의 간청에 하등 구애되지 않던 참정대신은 한결같이 부인하고 각의실을 떠나려 하자 그때 이토 히로부미는 참정대신의 손을 잡고 자기 요구의 수락을 설득시키고자 다시 한 번 시도하였으나 그는 완강히 반항하면서 자리를 떠났다.

이때에 병사들과 헌병대는 참정대신을 별실로 납치하였으며, 그는 별실에서 헌병대에 포위되어 구금되었다. 이토 히로부미는 그를 만나려고 별실로 왔으며 위협과 감언이설을 번갈아 하면서 그의 동의를 얻으려고 노력하였다.

그러나 아무런 성과도 없었다. 참정대신은 끝내 부인하면서 "차라리 죽음을 택하겠다"라고 대답하였다. 이들은 노발대발하면서 그에게 "이 조약은 당신의 동의와 직인이 없이 체결될 것이다"라고 말하였다. 이들은 각의실로 돌아와 직인을 집어 조약문에 날인하였다.

3장

구국운동에 앞장서다

1. 벼슬을 던지다

일제에 의해 강제적으로 을사늑약이 체결된 이후, 이상설은 11월 18일 더 이상 조정에 남아 있을 이유가 없다고 생각한 듯하다. 그는 곧 몸이 병을 얻었다는 것을 이유로 사직소를 올렸다. 하지만 고종도 쉽게 이상설을 놓아 주지 않았다. 이상설은 "경은 사양하지 말고 공무집행을 계속하라"는 비지를 거듭 받았으나 그때마다 사직소를 멈추지 않았다.

이상설의 다섯 차례에 걸친 상소문은 『승정원일기』에 기록되었으나, 1905년 11월 19일자의 제2차 상소문과 11월 22일자의 제3차 상소문은 그 내용이 소략하다. 남아 있는 상소문을 차례로 살펴본다. 다음은 제2차분이다.

엎드려 아뢰옵나이다. 신이 일찍 질병에 걸려 장년이 되어도 늘 건강하지 못하여 몸이 연약하고, 기혈이 자꾸만 패하여 이로 말미암아 담비가 때때로 답답하고, 잠자는 것이나 먹는 것이 불화하여 해소와 천식이 간발하므로 비록 몸단속을 단단히 하여 사무를 보고자 하나 또한 하는 수 없나이다. 이에 감히 변설을 피하지 않고 승엄을 모독하오니, 엎드려 비옵건대 성명께옵서 곧 신의 직임 반치를 특허하시와 신으로 하여금 공사를 우행케 하소서.

다음은 제3차 상소문으로 1905년 11월 22일자로서 을사늑약 후의 사직소이다.

상결, 그 죄 다 같은지라 신이 비록 어리석고 완고하나마 꾀가 이에 나오지 않습니다. 엎드려 비옵건대 성명께옵서 곧 신의 참찬 벼슬을 거두어 주시옵고, 따라서 독요의 죄를 다스려 주시면 비록 죽는 날이 오히려 사는 날이 되겠습니다. 신은 격절병영의 지극함을 견디지 못하겠나이다.

다음은 제4차 상소문으로 1905년 11월 24일자이다.

신은 이르기를 "이번에 맺은 조약은 맹세를 요구한 것뿐이니 이치에는 무효가 마땅하며, 사하다고 의논한 여러 간흉은 나라의 도적일 뿐이니 법에 있어서 놓아 줄 수 없다"고 합니다. 이럼으로써 신이 여러 차례 어리석은 정성을 아뢰어 윤유를 입을까 하고 바랐더니 아직껏 요요하게 수일이 지났습니다.

폐하께서 능히 무효를 힘껏 주장하여 준절한 말씀으로 엄하게 물리쳤다는 소문을 듣지 못했고, 또 능히 천주를 단행해서 여정을 빨리 위로하셨다는 소문도 듣지 못했는데, 이에 도리어 나라를 파는 도적으로서 의정을 시행하라 명하시고 인해 신에게도 아래 반열에 나아가라고 권면하시오니, 신으로서는 울분한 피가 가슴에 복받치고 뜨거운 눈물이 눈가에 쏟아지는바, 죽고 모르고자 할 뿐입니다.

폐하께서 만약 그 도적을 넣어 주신다면 무엇을 애석하게 여겨서 신을 멈추어 두며, 만약 신을 멈추어 두려면 무엇을 꺼려해서 도적을 진출시키십니까? 아아, 황실이 장차 낮아지고 일곱 사당이 장차 무너지며, 조종조에 끼친 백성이 장차 서로 남의 신하와 노예가 될 것입니다.

신도 또한 사람으로서 어찌 부끄러움을 머금고 참으면서 뻔뻔스럽게 다시 꾸짖던바, 도적과 더불어 한 마루 사이에 주선하기를 즐겨 하겠습니까? 신의 마음은 이미 결정되었고, 신의 말도 이미 다했습니다.

이후부터는 비로 열 소를 울리더라도 반드시 체사하기로 힘쓸 것인바, 공경히 죽음을 기다릴 뿐이옵니다. 엎드려 비오니 성명께서는 특히 슬퍼하심을 드리워 주시옵소서.

다음은 제5차 상소문으로 1905년 12월 8일자이다.

엎드려 아뢰옵나이다. 신이 상소 진정하여 변직을 원하옴이 이미 4차나 되었으나 은량을 입지 못하고 날마다 연소에 참석하였으나 천청이 더욱 아득하여 대의를 펴지 못하매 두려움과 걱정이 절박하여 가슴이 터지는 듯, 수일비래로 꼭 실성한 것 같아서 묵은 병과 새로운 증세가 안팎으로 스며들어 가물가물한 목숨이 목하에 닥쳤는데, 직무수행을 못 하면 신의 죄가 더욱 클 것이라 이에 짤막한 글로써 거듭 올리나니, 엎드려 비옵건대 성자께옵서 굽어 통촉하시와 곧 신의 직책을 면함으로써 공사를 다행케 하소서.

이처럼 이상설의 거듭되는 사직소를 더 이상 물리치지 못하고, 고종 황제는 이상설의 제5차 상소를 받은 후에 퇴임을 재가했다. 이상설은 이때부터 관인의 신분을 벗어나 민간의 신분으로 자유롭게, 그리고 치열하게 항일 구국 투쟁의 길에 나서게 되었다.

2. 을사늑약 파기운동 주도

　정식으로 관직을 벗어 던진 이상설은 을사늑약 폐기 운동을 적극적으로 전개하였다. 이 시기 양반 유생들의 상소운동, 민영환 등의 분사, 을사오적 척살 시도, 의병운동 등이 다양하게 일어났다.

　그중에서도 이상설의 활동은 단연 돋보였다. 이상설은 을사늑약 체결 직후 동료인 여규형, 이용직 등과 함께 여러 관리들과 유생들을 참여시켜 연명상소를 준비하였다. 이를 위해 가평의 향리에 머물고 있던 원임대신 조병세를 모셔 소두(상소문의 우두머리)로 삼았다. 이에 앞서 민영환을 소두로 하여 복합상소를 올리게 한 것도 이상설이었다.

　그러나 황제의 비답(批答)이 있기도 전에 일본 헌병에 의해 조병세는 구금되고 백관들이 해산당하자, 민영환이 소두가 되어 다시 백관들을 거느리고 두 차례나 상소를 올리고 궁중에서 물러나지 않았다. 이에 일제의 협박에 의한 왕명 거역죄로 구속되어 평리원(平理院: 재판소)에 가서 대죄한 뒤 풀려났다.

그러나 이들은 다시 종로 백목전도가(白木廛都家: 육의전)에 모여 소청(疏廳)을 설치하고 항쟁할 것을 의론하였으나 국운이 이미 기울어졌음을 깨닫고, 민영환은 죽음으로 항거하여 국민을 각성하게 할 것을 결심, 본가에서 자결하였다.

3통의 유서가 나왔는데, 한 통은 국민에게 각성을 요망하는 내용이었고, 다른 한 통은 재경 외국사절들에게 일본의 침략을 바로 보고 한국을 구해줄 것을 바라는 내용이었다. 또 다른 한 통은 황제에게 올리는 글이었다.

그의 자결 소식이 전해지자, 원임대신 조병세를 비롯한 전참판 홍만식(洪萬植), 학부 주사 이상철(李相喆), 평양대(平壤隊) 일등병 김봉학(金奉學) 등 많은 인사들도 스스로 목숨을 끊었고, 그의 인력거꾼도 목숨을 끊어 일제 침략에 항거하였다.

이상설은 11월 30일 민영환의 자결순국 소식을 듣고 종로 네 거리로 달려가 수많은 민중 앞에서 눈물을 흘리며 연설하였다.

　　나도 국가에 충성치 못하여 나라로 하여금 이 지경에 이르게 하였으니 만 번 죽어도 마땅하다. 지금 이 조약은 지난날의 병혁과는 다른 것이다. 나라가 망하였는데도 백성이 깨닫지 못하니 통곡하지 않을 수 없다. 조약이 한 번 이루어짐에 나라는 망하고 인종(민족)이 이를 따라 멸종하게 된 것이다. 이제 민영환이 자결한 오늘이 우리 전 국민이 멸망하는 날이다. 내가 민영환 한 사람의 죽음을 위해 조상하는 것이 아니라,

바로 우리 전 국민이 멸망함을 탄하여 우노라.

연설을 마친 이상설은 머리를 땅바닥에 부딪히며 자진을 시도했다. 유혈이 낭자하고 인사불성이 되자 사람들이 부축하여 간신히 집으로 데려갔다. 세간에는 이상설도 민영환을 뒤따라 자결했다는 소문이 나돌았다.

다음은 《대한매일신보》의 기록이다.

의정부참찬 이상설 씨가 대소신료와 공히 복합상소하고 재작에 평리원으로 출발하여 민영환의 자결 소식을 전해 듣고 종로에 도착하여 인민을 대하여 통곡 연설을 하였다. 우리 정부 대신들이 근일에 이르러 오히려 윤안순호할 망상이 있는 고로 전일 사대의 습관으로 강국에 의뢰하면 자가생명을 능히 보존할 줄로 오해함이라.

현 시대는 국가가 존립치 못하고 타 국가 보호하에 들어가면 국가가 전복할 뿐 아니라 전국 인민이 거개 멸망하나니 우리 동포 인민은 이를 깊히 생각하라. 오늘 민영환의 자결일이 즉 우리 민중의 진멸일이니 나는 민영환의 죽음을 위하여 조문하는 것이 아니라 우리 전국 인민의 진멸할 정경을 위하여 호곡하노라 하로 통곡하였다더라.

매천 황현은 관직을 버리고 향리 전남 구례에 칩거하면서 한말의 국내 사정을 『매천야록』에 낱낱이 기록하였다. 다음은 이상설 관련 부분이다.

이상설 광태

전 첨사 이상설이 비통과 울분으로 죽으려다가 죽지 못하고, 종로 거
리로 나가서 뭇사람들을 향하여 통곡하며 국가가 망하게 된 원인과 나
라의 신하로서 응당 죽어야 될 의리를 두루 말하였다. 그런 다음, 땅에
몸을 던지고 바위에 머리를 부딪쳐 거꾸러지니, 머리가 깨져 피가 솟았
다. 정신을 잃고 깨어나지 못하니, 사람들이 떠메고 집으로 달려갔는데
한 달이 지나서야 비로소 살아났다.

백범 김구는 이날 이상설의 자결 미수와 연설하는 현장을 지켜보았
다. 그리고 훗날 중국 망명지에서 『백범일지』에 이를 적었다.

그날 민영환이 자결하였다. 그 보도를 접하고 몇몇 동지들과 같이 민
영환 댁에 가서 조문을 마치고 돌아서 큰 도로에 나오는 때였다. 나이가
사십 안팎쯤 되어 보이는 어떤 한 사람이, 흰 명주저고리에 갓 망건도
없이 맨상투 바람으로 의복에 핏자국이 얼룩덜룩한 채 여러 사람의 호
위를 받으며 인력거에 실려 가는데, 크게 소리치며 울부짖는 것이었다.
누구냐고 물으니, 참찬 이상설인데 자살 미수에 그쳤다 한다. 그리도 나
라일이 날로 잘못되어 감을 보고 의분을 못 이겨 자살하려던 것이었다.
당초 상동회의에서 다섯 내지 여섯 사람이 한 조가 몇 차례든 비록 앞

사람이 죽더라도 뒷사람은 이어 계속하기로 하였으나, 상소하여 체포당한 지사들을 몇십 일 구류에만 처하고 말 정황이니 계속할 필요가 없어졌다. 아무리 급박하여도 국가흥망에 대한 절실한 각오가 적은 민중과 더불어서는 무슨 일이나 실효 있게 할 수가 없다. 바꿔 말하면 아직 민중의 애국사상이 박약한 것이다.

"7년 묵은 병에 3년 묵은 쑥을 구한다"는 격으로 때는 늦었으나마, 인민의 애국사상을 고취하여 인민으로 하여금 국가가 곧 자기 집인 줄을 깨닫고, 왜놈이 곧 자기 생명과 재산을 빼앗고 자기 자손을 노예로 삼을 줄을 분명히 깨닫도록 하는 수밖에 다른 최선책이 없다고 생각했다. 그때 모였던 동지들이 사방으로 헤어져서 애국사상을 고취하고 신교육을 실시하기로 하여, 나도 다시 황해도로 돌아와 교육에 종사하였다.

해방 후 이상설의 전기를 준비했던 위당 정인보는 이상설의 애국충혼을 한 편의 우국시로 엮었다.

황황한 목소리로 네 거리에서 외치니 국민과 국토가 이 한 순간에 달렸다고 민영환, 조병세,홍만식, 이상철, 김봉학은 이미 죽었다. 우린들 누가 붉은 피가 없으랴.

오호 나라망한 슬픔이여

형제자매들아 내 말을 들어보라.

사생 간에 나라 망한 것은 슬프고

사생 간에 가슴에 피가 끓어오른다.

말과 울음이 서로 섞이고

땅바닥에 뒹구니 흙이 머리카락에 가득하구나.

땅바닥에 뒹굴지 말라고 이르지 말라

나는 이 흙과 같이 죽으려는 것이니.

3. 민족교육 효시인 '서전서숙' 설립

구한말부터 일제강점 초기 선각자들은 개인 혹은 단체로 각급 학교를 세웠다. 우리가 왜적의 침략을 받고 국권을 상실한 것은 국민(백성)이 깨어나지 못한 까닭이란 이유에서였다. 그 결과 공사립학교가 우후죽순처럼 세워지고 각종 계몽운동과 함께 신교육이 실시되었다. 여기에는 외국 선교사들이 세운 미션스쿨 계열의 학교도 일부 작용하였다.

1906년 안창호, 전덕기, 양기탁, 신채호, 이회영 등이 조직한 신민회가 벌인 여러 가지 구국운동 중에서 평양에 대성학교, 정주에 오산학교를 세운 것을 필두로 전국 곳곳에 수많은 학교가 설립되었다. 이에 앞서 안중근이 을사늑약 체결 후 남포에 돈의학교를 세운 것도 '배워야 산다'는 국민적인 각성운동의 일환이었다.

신민회는 국권회복이라는 민족적 과제를 실현하기 위해서 초기에는 국민계몽운동과 민족교육에 활동의 중심을 두었다. 국민계몽을 위하여 기관지로서 신문을 새로 창간하지는 않았지만 양기탁 등이 경영하

던 《대한매일신보》를 기관지로 활용했고, 1908년 11월에 최남선의 주
도하에 기관지인 『소년』을 창간했다. 또한 평양·서울·대구에 태극
서관(太極書館)을 설립·운영했고, 다수의 신민회 간부들은 각종 강연회
에서 계몽 강연 활동을 했다. 이러한 신문·잡지·강연 등을 통하여 사
회 일반에 애국주의·국권회복·민권사상을 고취시키고, 신사상·신
지식·신산업의 필요성을 계몽했으며, 교육구국·학교설립·학회활
동을 고무시켰다.

따라서 신민회의 회원들은 평양의 대성학교(大成學校), 정주의 오산학
교(五山學校), 강화의 보창학교(普昌學校), 안악의 양산학교(楊山學校), 의
주의 양실학교(養實學校), 서울의 오성학교(五星學校) 등 많은 학교를 설
립했다. 대체로 신민회 계통의 학교는 신민회 세력이 강했던 경기도 이
북 지방에 많이 세워졌고, 신민회 회원과 지방유지들의 협력으로 세워
지는 경우가 많았다. 신민회는 학교교육을 통하여 근대적 문명지식과
투철한 애국심을 지닌 민족운동가를 양성하는 데 기여했다.

또한 1909년 8월에는 청년학우회가 조직되어 신민회의 외곽단체로
서, 서울을 중심으로 평양·의주·안주 등지에 조직을 확대하면서 청
년·학생 등의 인격수양과 민족의식의 배양에 노력했다.

한편 신민회 회원들은 전국 각지에 학회의 설립을 권장하기도 하고,
안악군면학회·해서교육총회·평양청년권장회 같은 학회를 조직하
여 학교설립과 계몽활동을 촉진시켰으며, 기존의 서우학회(西友學會)와
한북흥학회(漢北興學會)를 배후에서 지도하여 서북학회로 통합·재조

직함으로써 교육구국운동을 효과적으로 수행하는 데 기여했다.

그리고 일제의 경제적 침략에 대한 국민적 각성을 촉구하고 상업회의소·협동회 등의 상인단체를 조직하여 상권보호운동을 전개했으며, 나아가 신민회 회원들이 공동출자하여 시범적인 공장과 회사를 설립하여 민족산업을 진흥시키려는 운동도 전개했다. 평양자기제조주식회사를 비롯하여 협성동사(協成同事)·상무동사(商務同事)와 같은 상회사, 안악에 소방직공장(小紡織工場)·소연초공장(小煙草工場) 등을 세웠고, 사리원에 모범농촌을 건설하려는 계획도 세웠다. 또한 신민회는 국권회복을 위한 독립군 기지건설운동을 전개했다.

1909년 봄에 양기탁의 집에서 전국간부회의를 열고 국외의 적당한 지역을 물색하여 독립군기지를 만들고 무관학교를 설립하여 독립군사관을 양성하는 문제를 협의했다. 1910년 3월에는 긴급간부회의를 열어 독립전쟁을 국권회복의 최고전략으로 채택하고, 국외에 무관학교 설립과 독립군기지 창건운동을 본격적으로 시작했다. 같은 해 4월에는 중국으로 망명한 안창호·이갑·유동열·신채호 등 신민회 간부들이 '청도회의'(靑島會議)를 열고 독립군 기지건설에 대한 구체적인 실행책을 협의했으나, 급진론과 점진론으로 나뉘어 뚜렷한 성과를 얻지 못했다.

이후 12월에는 국내에 잔류한 양기탁·주진수·이승훈·김구·이동녕 등이 전국간부회의를 열어 서간도에 독립군기지를 건설하기로 결정하고, 서간도에 한인 집단이주 계획을 구체적으로 수립했다. 그러나 1911년 일제가 105인 사건을 조작, 신민회원을 대거 체포하여 신민회의 국내조직이 사실상 와해되었으나, 신민회 간부 이동녕 · 이회영 등은 그해 봄에 만주 봉천성(奉天省) 유하현(柳河縣) 삼원보(三源堡)에 신한민촌(新韓民村)을 건설하고, 사관양성기관으로 신흥강습소(新興講習所)를 설립했다.

그밖에 신민회 간부들에 의해 동림무관학교(東林武官學校) · 밀산무관학교(密山武官學校)등이 설립되었다. 이러한 신민회의 독립군 기지건설에 의한 독립전쟁 전략은 1910년 이후 여러 민족운동세력의 기본적인 독립운동 전략이 되었으며, 특히 1919년 3 · 1운동 이후 대규모의 독립군부대에 의한 항일 무장투쟁의 기초가 되었다.

이상설은 을사늑약 반대 후 자택에 은거하면서 이회영, 이동녕, 장유순, 이시영 등과 은밀히 만나 더 이상 국내에서는 국권회복운동이 어렵다는 점을 간파하고 해외 망명을 결심했다. 1906년 음력 4월 18일 이동녕, 정순만 등 동지들과 망명길에 올라 상해를 거쳐 러시아 블라디보스토크로 갔다. 이상설은 블라디보스토크에서 다시 연추를 방문하여 의병항쟁을 추진하던 전 간도관리사 이범윤을 만나고 블라디보스토크로 돌아와서 황달영, 김우용, 홍창섭 등과 만나 함께 북간도 중에서도 한인이 많이 사는 연길현 용정으로 건너와 자리 잡았다. 1906년 8월경이다.

이상설이 서울을 떠나 만주로 망명하여 용정촌에 도착하기까지의 경위를 이관직은 『우당 이회영 실기』에서 다음과 같이 기술한다.

단기 4239년 병오(1906년) 여름 선생 이회영이 광복운동의 원대한 뜻을 실행하기 위해서는 국내에서만 하는 것이 불리하다는 것을 깨닫게 되었다. 그리하여 선생은 이상설, 유완무, 이동녕, 장유순 등과 심심밀의를 하여 광복운동을 만주에서 전개하기로 하였다. 그래서 만주에서 택지하여 북간도의 용정촌을 정하였는데, 우리 교포가 많이 거주하여 교육하기에 가장 좋고, 러시아령이 북으로 통하여 외교가 편리하며, 국내와 강물 하나를 사이에 두고 있을 뿐이어서 왕래하기에도 좋았기 때문이었다. 그런데 또 하나의 중요한 문제는 만주에 건너가 지도할 인물을 뽑는 것이었는데 이는 어려운 일이었다. 요컨대 명예, 지식, 도량, 지절, 인내 등을 다 갖춘 동지라야만 그곳의 한국인 및 만주인에게 모범이 되어 기초를 잘 닦고 사업의 성공을 기할 수 있었던 것이다. 이에 이상설이 개연히 말하였다.

"누구를 막론하고, 사람의 정리로 친척을 떠나고 조상의 묘를 버려두고서 황막한 변방에 가 외로이 지내며 고생하는 것은 다 어려운 일이지만, 조국과 민족이 중대한지라 지금 평탄한 것과 험한 것을 어찌 가리겠는가? 내가 재주 없는 사람이지만 만주에 나가 운동을 펴 보겠다."

이에 자리한 여러 사람이 다 이상설의 기개를 매우 칭찬하였다.

이상설은 간단하게 행장을 챙겨 만주 장도에 올랐는데, 이는 은밀히 왜적의 금망을 벗어나 고국을 떠나게 된 것이었으므로 몇몇 동지 외에는 친척이나 옛 친구라 해도 알지 못했다. 선생은 성 모퉁이에서 만리절역에 홀로 떠나는 지우를 전송하였는데, 바라다보는 선생의 눈에는 마침내 한강물이 일렁거렸다. 이상설은 웃는 얼굴로 선생을 이별하고 인천에 가서 중국인 상선을 타고 상해로 장항하였다가 거기서 다시 블라디보스토크를 경유하여 용정촌에 무사히 도착하였다. 그리하여 용정에 머물면서 거기에 서전의숙을 설립하여 교포 자제를 교육하고 비밀리에 선생과 기맥을 통하면서 광복의 큰 뜻을 펴 나갔다.

만주는 오늘날의 요령성, 길림성, 흑룡강성으로 이루어져 있다. 1904년 시작된 러일전쟁에서 패한 러시아는 만주 남부에 대한 모든 이권을 일본에 양도했다. 1932년 3월 9일 일본은 만주 지방의 3개 성을 합하여 만주국이라는 괴뢰정권을 세웠다. 일본은 만주를 아시아 대륙으로 진출하기 위한 산업기지 겸 군사기지로 탈바꿈시켰다.

1945년 8월 9일 소련은 만주를 침략했다. 중국공산당 지하 게릴라들은 소련군이 넘겨준 일본군 무기로 만주 지역 대부분을 점령했다. 1953~57년의 제1차 5개년계획 때 중국의 산업투자 가운데 상당 부분이 만주에 투입되었다. 1953년 북경 정부는 만주를 요령 · 길림 · 흑룡강 등 3개의 성으로 정식 분할했다. 오늘날에도 만주는 여전히 중국의 산업 중심지이다.

4. 서전서숙의 설립과 무상교육 실시

간도 이주 조선인은 특히 1905년 을사늑약 이후에는 항일 독립운동의 방략으로 이민자가 급증하였다.

1905년 을사조약 전후부터는 조선인의 간도 이주가 경제적인 면에서뿐만 아니라 정치, 사회적인 면에서도 상당한 변화를 가져왔다. 일제에 의한 국권침탈과 경제수탈이 가중되는 상황에서 국권회복을 도모하고 일제의 탄압을 피하기 위한 정치적 망명자, 곧 항일독립운동자의 이주가 급격히 늘어났기 때문이다.

즉 일제의 한국 식민지화 정책이 가시화되는 1905년 을사조약 이후로 1910년 국치에 이르기까지 국내에서 활동하던 항일운동자들은 일제의 탄압을 피해 간도와 연해주 등지로 망명하여 새로운 활동 방향과 근거지를 모색하지 않을 수 없었다. 이와 같은 정치적 동기에서 망명 이주한 조선인들은 민족의식이 투철하고 국내에서 정치, 경제, 사회적으

로도 비중 있는 지위를 가지고 있던 인물 상당수가 포함되어 있었다(윤

병석, 『해외동포의 원류』).

이상설이 간도에 자리 잡고 이주 동포들을 상대로 민족교육을 시작

한 것은 이와 같은 배경에서였다. 용정은 북간도의 중심지이고 특히 한

인이 많이 살고 있었다.

용정에 도착한 이상설은 이 지방에서 가장 큰 집인 천주교당 회장 최

병익(崔秉翼)의 집을 사들여 학교 건물로 개축하였다(옛 간도공회당 자리).

국내에서 망명할 때 가산을 정리하여 가져온 자금이었다. 건물이 완공

되자 '서전서숙'이란 간판을 걸었다. '서전'이란 이 지방을 총칭하는 지

명이다.

이처럼 서전서숙은 1906년 이상설이 용정촌에 세운 학교이다. 학교

라고 하지만 규모는 서당과 별로 차이가 없어 생도 22명을 가지고 개교

하였다.

을사조약 후 이상설은 조국의 운명이 기울어가고 있음을 통탄하고 다

음해 봄 동지 몇 사람과 더불어 해삼위에 망명했다가 다시 용정촌에 가

서 서전서숙을 세우매 이것이 연변 한인자제 교육의 효시가 된다(이상

설, 〈기려수필〉).

하지만 서전서숙 초기에는 마을사람들의 외면을 받기 일쑤였다. 처

음에는 마을사람이 신교육에 이해가 없어 돌보지 않더니 이상설이 사재를 털어 학교를 경영하고 서책을 나누어주어 읽기를 권유하자, 마을사람이 비로소 기뻐 좋아했다고 당시의 신교육의 고충을 잘 설명하고 있다.

1905년(광무 9) 을사조약이 체결되자 만주로 망명한 이상설(李相卨)·이동녕(李東寧)·여조현(呂祖鉉)·정순만(鄭淳萬)·박무림(朴茂林)·왕창동(王昌東) 등은 해외 한인의 민족교육을 통해 국권을 회복할 수 있다고 주장하며 각 지역에 학교 설립을 추진했다.

1906년 이들은 많은 한인들이 이주해 있고, 북쪽으로 러시아와 통해 외교가 편리하며, 한국과 거리가 가까워 국권회복의 근거지가 될 수 있는 간도 연길현(延吉縣) 용정에 우선 교육기관을 설립하기로 하고 용정 천주교 회장 최병익의 집을 매입, 학교건물로 개수하고 학교명을 서전 평야에서 따 서전서숙으로 명명했다. 숙장은 이상설, 교사는 김우용(金禹鏞)·황달영(黃達永) 등이었고, 운영은 이동녕·정순만이 맡았다. 모든 경비는 이상설이 부담했다.

처음 학생 수는 22명이었고 학과목은 역사·지리·정치학·수학·국제법·헌법 등이었으며, 철저한 항일·애국독립 사상 고취에 중점을 두었다. 그러나 1907년 3월 이상설이 이준(李儁) 등과 함께 헤이그의 만국평화회의에 특사로 파견되었다가 일제의 신병인도 요구 때문에 용정으로 돌아올 수 없게 되었다. 일제는 항일교육의 근절을 위해 간도 보통학교를 개교하고 각지의 서당을 매수하는 한편 서전서숙 측에 매월

20원씩의 보조금을 주겠다고 회유했다. 서전서숙 측은 이를 거절하고 일제의 탄압을 피해 혼춘(琿春) 방면으로 떠나 탑두구 근처에서 수업을 계속했으나, 1908년 8월 20일 졸업식과 동시에 폐교하고 말았다.

1년의 짧은 기간이었지만 이곳의 민족교육방침은 이후 이 학교 학생이었던 김학연의 명동서숙·한민학교 등, 간도·연해주 지역의 많은 민족교육기관의 설립과 박무림의 간민자치회 등의 항일독립운동 조직에 영향을 끼쳤다.

이상설을 비롯하여 서전서숙 개설에 참여한 사람들이 직접 교단에 서서 가르쳤으며 역사, 지리, 산술, 국제, 공법, 헌법 등 근대교육을 실시했다. 이상설은 갑반의 산술을 『산술신서』(상 하)를 저술하여 가르쳤으며, 황영달은 역사와 지리, 김우용은 산술, 여준은 한문, 정치학, 법학 등을 가르쳤다. 그러나 이 서숙에서 보다 중점을 둔 교육 내용은 따로 있었다. 이같이 신학문 과목을 학생들에게 가르치기도 했지만, 가장 중요하게 여겨 가르친 것은 철두철미한 반일 민족교육이었다. 말하자면 내건 간판은 신교육을 실시하는 서숙이었지만 실상은 독립군양성소와 다름없었다 한다.

이는 서숙의 설립에 관여한 인사와 교원이 모두 독립운동자였고, 더욱이 숙장 이상설은 〈기려수필〉을 통해서도 알 수 있듯이, 열렬한 애국애족의 지사였던 만큼 학생들에게 철저한 민족주의 교육을 실시하였을 것임은 두말 할 필요가 없다.

서전서숙에 관여한 모든 사람들은 서숙의 발전과 충실에 온 힘을 기울였다. 그들은 용정뿐만 아니라 때로는 멀리 은성, 종성 간도까지 조선 동포들을 찾아다니며 서전서숙의 설립목적과 교육의 필요성을 역설하고 자제들을 취학시켜 반일 교육에 앞장서 줄 것을 호소하기도 하였다.

여기에는 또 하나의 일화가 있다. 규암재라는 서당에서 한학을 가르치던 김약연은 서전서숙의 이 같은 노력에 감동하였다. 김약연은 '나라의 장래를 위해서는 신학문이 반드시 필요하리라' 생각하고 자신의 문하생 2명을 보내어 격려하기도 하였다. 뒷날 규암재가 서숙 또는 학교로 발전하여 서전서숙의 교육정신을 계승하게 된 것은 이때의 인연이 영향을 준 바 크다.

서전서숙의 교사와 학생들은 행사 때이면 〈서전서숙 숙가〉를 부르며 동포애와 조국애를 기렸다. 소박한 듯 높은 기상이 서린 서전서숙의 숙가이다.

불함산(백두산)이 높이 있고
두만강이 둘렀는데
서전의숙(서숙) 창립하니
총준재자 운집이라
인일기백 공부하니
구국안민 하여보세

대한제국의 외교권을 강탈하고 서울에 통감부를 설치한 일제는 1907
년 초 만주침략을 준비하면서 북간도 지방의 조선인을 보호한다는 명
목으로 용정촌에 '통감부 북간도 파출소'를 설치했다. 이를 위해 통감부
는 일본군 중좌 사이토 스에지로(齋藤季治郎)과 어용학자 시노다 지사쿠
(篠田治策)를 만주로 보내 출장소 후보지를 찾고 한인들의 정세를 샅샅
이 알아내려고 하였다.

이들은 상인으로 가장하고 서전서숙을 찾아갔다. 이때는 마침 점심
때여서 이들은 더운 물과 식사장소를 빌려 달라고 청하였다. 이상설은
이때 문을 나서다가 이 말을 듣고 대꾸도 하지 않은 채 뒤도 돌아보지 않
고 나가 버렸다. 이 때문에 그들 일본인들은 별 수 없이 개울가를 찾아
식사를 하고는 돌아가, 그들의 보고소에 태도가 '교만했다'고 분통을 터
뜨렸다(동양척식주식회사 편, 「서전서숙」, 『간도사정』).

5. 일제의 '서전서숙' 관련 정보보고

1907년 8월 일제는 용정에 간도파출소를 개설하였다. 그들은 한인사회에서 일어나는 일거수일투족을 국가 보안을 위한다는 명목으로 감시했다. 이렇게 수집된 정보는 통감부를 통해 일제 외무대신에게 전달되었는데, '서전서숙' 관련 정보도 포함되었다.

당 용정촌에 한인이 설립한 학교가 있다. 서전서숙이라 칭하고 있으며, 설립자의 경력, 설치의 목적 및 자금의 출처 등에 있어서 시국상 의심할 점이 있으므로 취조한 바 하기 사실과 같으므로 이에 보고한다.

1. 서전서숙의 설립, 서전이란 당지 즉 용정촌 지방의 총칭이다. 이 서숙의 설립자는 이상설, 이량(이동령), 전공달(황달영), 홍창섭, 왕창동(정순만)의 6명으로 그 주창자는 이상설이다. 명치 39년(1906) 5월경 이상설은 이량과 상휴하여 경성을 출발하여 상해를

거쳐 포염(블라디보스토크)에 들어왔다. 또한 별도로 동년 6월경 전공달, 왕창동, 김동환의 3명은 시찰이라 칭하고 함께 포염에 이르러 동지에서 이상설, 이량 등과 회합하고 이에 서숙설립의 협의를 하고 7월경 5명과 함께 간도로 향하여 출발 도중 홍창섭과 출회하여 일행 6명이 용정촌에 도착하고 1906년 12월 서숙의 성립을 보기에 이르렀다.

2. 설립의 취지, 설립의 취지는 그 발표한 바에 의하면 간도의 지 변추문화에 뒤짐을 근심하여 이의 개발을 주지로 한다고 말하는 것이다.

3. 중요한 직원 및 경력, 숙장 이상설은 경성 저동의 산, 본년 38세 가량으로서 전에 법부협판을 한 사실이 있고 불국(어)에 통한다고 말한다. 본년 5월 숙무를 사하고 포염에 나가 평화회의의 차명하는 한황의 밀사를 가담하였다. 이량은 충청도 회인의 산으로서 8월 중 당지를 떠났다. 지금 김동환 1인만이 잔류하여 숙무에 종사하고 있다. 본인은 평양산으로서 조금 일본어를 통한다.

4. 자생, 이상설 1인으로서 부담한다고 말한다. 혹은 각 직원이 회비로서 이상설은 5,000원, 전공달, 와창동은 각 500원, 김동환은 300원, 홍창섭은 100원을 각각 준비하여 그 자금에 충당하였다고 말한다. 그리고 김동환은 자금의 출처에 대하여 전혀 각자의 자산에서 지출하고 결코 타의 원조를 받은 것이 아니라고 진술한다.

5. 교과과목 및 생도수, 산술, 습자, 독서, 지리, 법률 등으로서 약간

중학 정도에 비교된다. 생도는 당촌 및 부근 각 촌락에서 내집하여 숙내 등에 기숙시켜 일시 70여 명이 있을 때가 있었으나 이상설 이하 사퇴와 함께 점차 쇠미하여져 현재 생도수 겨우 20명에 지나지 않는다.

6. 시국에 대한 직원의 태도, 한황 양위의 보 한 번당 지방에 이르자 교원, 직원, 연장생도 등은 누구나 비분하고 그중 왕창동은 의관을 찢고 이를 땅에 던지며 강개하였다고 한다.

7. 서숙의 장래, 서숙은 숙장인 이상설을 잃었기 때문에 점차 생도가 감소되어 가고 자금 또한 결핍하고, 또 시국의 변천에 따라 장래 유지하기 어렵다고 생각하여 근근 폐교하기로 결정하고 숙사의 매각을 바라고 있다.

이상 사실에 의하여 그들이 발표한 설립의 목적, 자본금의 출처 등에 대하여 다소 의문점이 없지 않다. 또 이상설은 당시 포염에 이르러 전 군부대신 이용익 및 상해에 있는 전 경성주차러국공사 바파로프 사이를 왕복한 형적이 있다는 설이 있다. 생각건대 그도 또한 이용익 일배의 도에 참여하여 금회 밀사에 참여하였다고 믿어진다. 특히 당파출소가 설치되자 곧 자금의 결핍으로 폐교하고, 그 직원 등을 각자 귀향하려고 하는 것과 같은 상태로서 다소의 의미를 가졌다고 인정된다. 이상을 보고한다.

이처럼 이상설은 우리 민족 고토인 북간도의 중심부 용정촌에 우국충정으로 똘똘 뭉친 동지들과 함께 사비를 들여 최초의 근대적 민족교육기관 서전서숙을 세웠다. 이상설을 위시한 동지들은 서전서숙을 통해 바람 앞의 등불과 같은 운명의 기로에 놓인 한민족의 민족교육을 통해 국권회복을 위한 애국인재를 양성하고자 하였다.

　하지만 이상설이 고종황제의 특사로 선정되어 만국평화회의에 참석하면서 서전서숙의 존립기간은 1년여의 짧은 기간에 그치고 말았다. 그러나 서전서숙의 영향력마저 그 짧은 기간에 끝난 것은 아니었다. 이후 용정의 명동학교를 비롯하여 만주, 러시아령의 수많은 민족학교와 신흥무관학교 등 각급 군관학교 설립의 정신적, 이념적 모태가 되었다.

6. 독립정신의 요람

　이상설과 우국충정으로 똘똘 뭉친 애국지사들이 함께 세운 서전서숙의 존속 기간은 비록 1년여의 짧은 기간에 불과했다. 하지만 서전서숙은 독립운동은 물론 민족문화운동의 발전에 크게 이바지하였다. 그리고 이후 용정촌은 북만주 지역 조선족 사회의 교육, 사상, 문화의 중심지로서 독립정신의 요람이 되었다.

　서전서숙은 우리나라 최초로 해외에 세운 근대학교 교육기관이었다는 특징을 지니고 있다. 서전서숙에서는 이러한 근대학교 교육을 실시해서 근대적인 새로운 문화지식으로서 후대를 교육하는 신학교육이 낡은 봉건윤리교육을 대체하였다. 서전서숙은 근대학교 교육의 실시의 시초로 교과목의 선정에서부터 남달랐다. 서전서숙의 교과목 선정은 수학, 지리, 역사, 법학, 정치학, 한문 등이었다. 서전서숙은 이렇게 근대학문 위주의 교과목을 편성해서 완전히 낡은 서당에서의 봉건윤리교육을 대체하여 근대적인 새로운 문화지식으로서 후대를 교육하는 신학교육을 보여 주었다.

서전서숙이 세워진 후로 북간도 일대에 많은 학교가 세워졌다. 서전 서숙이 북간도에 심어 놓은 민족정신은 그곳들을 통해 끊임없이 승계 되었다.

서전서숙의 뒤를 이어 세워진 양정, 명동, 창동, 정동, 길동학교의 발 전과 간민교육회의 설립은 북간도 근대사립학교 교육운동을 크게 추진 하였다. 이리하여 1910년대에 들어서면서 북간도 근대사립학교 교육 운동은 새로운 발전기에 들어서게 되었다.

간민교육회는 북간도 한인사회를 효과적으로 규합하고 항일민족운 동을 조직적으로 전개하기 위해 설립되었다.

연길 · 용정(龍井)을 중심으로 한 북간도 일대에는 1905년 강제로 을 사오조약이 체결된 이래 이상설(李相卨) · 이동녕(李東寧) 등을 위시한 민족운동자들이 대거 망명하였다.

이들은 독립운동기지 건설에 착수하는 한편, 교육 · 종교 · 실업 등 각 방면에 걸쳐 항일민족운동을 활발히 추진하였다. 이러한 현상은 북 간도에서 보다 조직적이고 효과적인 활동을 추진할 항일민족운동단체 의 성립을 촉진시켰고, 간민교육회가 등장하는 기반이 되었다.

간민교육회 설립 시기에 대해서는 1907년 8월, 1909년 7월, 1910년 3 월 등 세 가지 설이 있다.

간민교육회는 중국 지방당국의 인준을 받은 북간도 한인의 첫 사회 단체로서 이후 간민회, 간도 대한민회로 변천해갔다. 간민교육회는 간민회, 간도 대한민회의 모체가 되었으며, 합법적 사회단체로서 한인의 자치, 교육, 사업 분야에서 다양한 활동을 전개하였다.

본부는 연길 국자가(局子街)에 두었으며 북간도 각지에다 지회를 두었다. 설립 시의 주동 인물은 이동춘(李同春)·이봉우(李鳳雨)·구춘선(具春善)·박찬익(朴贊翊)·정재면(鄭載冕)·윤해(尹海) 등이었다.

1912년경 본부의 임원은 회장 이동춘, 총무 박정기(朴正基), 연구회장 이봉우, 지회장 조기정(曺起貞), 평의장(評議長) 손운순(孫雲順), 재무장 허순(許順), 장부장(掌簿長) 허곤(許坤), 찬리원(贊理員) 윤해 등이었으며, 회원 수는 300여 명에 달하였다.

간민교육회는 강력한 자치활동을 통해 항일민족운동을 추진하는 방향으로 활동 목표를 세웠다. 이를 위해 한인사회를 조직화하는 한편, 한인들의 민족의식 고취와 경제력 향상에 주력하였다.

민족주의교육을 담당하던 한인학교로는 명동학교 외에도 정동(正東)·은진(恩眞)·명신(明信)·광성(光成)·창동(昌東)·북일(北一) 등의 중학교가 있었고, 국자가에는 간민모범학당(墾民模範學堂)을 설립, 운영하고 있었다. 한인들의 경제력 향상을 위해서 농촌에 식산회(殖産會)를 만들어 자금을 늘렸으며, 생산조합·판매조합을 세워 운영함으로써 농촌경제를 활성화하였다.

한편, 기관지 《교육보(教育報)》를 간행하여 상호이익을 도모하고, 시베리아의 《권업신문》과 미주의 《신한민보》까지 주문해 한인사회에 보급시켰다. 이러한 활동 외에도 한인 밀집지역인 수분전자(綏芬甸子), 나자구(羅子溝)에는 무관양성학교인 대전학교(大甸學校)까지 건립, 본격적으로 독립군 양성을 추진하였다.

한편, 활동자금은 북간도 각사(各社)마다 권학위원 1인을 두어 매 호당 1년에 1조문(弔文)을 원칙으로 징수하였으며, 그 밖에도 지세·토지 매매세 등을 징수하여 충당하였다. 간민교육회는 1911년 중국의 신해혁명을 계기로 간민회로 확대, 발전하여 한인의 자치활동과 독립운동을 더욱 활기차게 전개해 나갔다.

조선 주재 헌병대사령부에서 1910년 초부터 1912년 3월까지 북간도 지역에 설립된 학교에 대한 조사통계에 따르면, 서전서숙과 명동서숙을 망라하여 40여 개소의 학교가 설립되었다고 한다.

1916년 12월 조선 주재 헌병대사령부에서 조사한 재만한인들이 경영하는 각 학교 및 서당 일람표에 의하면, 전 만주 지역에 설립된 한인학교는 모두 239개소에, 학생 6,314명이었다. 그중 북간도(혼춘현과 안도현을 망라)의 학교 수는 157개소로서 총 학교 수의 65.7%를 차지하고, 학생 수는 3,879명으로서 총 학생 수의 61.1%를 차지하였다.

한편, 서전서숙은 북간도 조선족 사회에 반일정신의 씨앗을 뿌렸다는 점에서 크나큰 역사적 의의를 지닌다. 봉오동 전투와 청산리 전투를 비롯하여 각종 항일무장투쟁의 독립운동가 중에 간도 지역 출신이 많은 것은 이 때문이라고 할 수 있다.

북간도 조선족 근대사립학교 교육운동은 서전서숙을 비롯한 여러 학교들의 창시자, 교장과 교사들인 이상설, 이동녕, 홍창섭, 이동춘, 남성우, 이병희, 오상근, 김약연, 문치정, 남위원, 김하규, 강백규, 이동휘, 김하석, 김립, 윤해, 계봉우, 장기영, 정재면 등은 모두 쟁쟁한 반일운동가들이었다.

그들은 하나같이 근대사립 민족학교를 세우고 운영하는 근본적인 토대를 근대적인 민족정신에 두고 있었다. 이처럼 그들은 조선족 민중들을 교양함으로써 민족의 혼으로 일깨우는 데 일조하였다. 또한 민중들을 계몽시켜 그들의 항일의식을 고취함으로써 반일투쟁에로 궐기시켰고, 반일투쟁을 진행하는 반일운동 인재를 양성하는 데 그 목적을 두었다. 그들은 학교를 반일운동의 진원지로 반일사상의 양성기지와 반일운동가들의 활동장소로 꾸리기 위해 온갖 노력을 다하였다.

이상설을 위시한 민족 애국지사들이 학교를 세우고 운영하는 근본목적은 학교의 교과목 선정 과정에서 확실히 살펴볼 수 있다. 서전서숙의 맥을 이었다고 할 수 있는 명동학교는 반일교육을 교수의 전 과정에 일관시켰다.

명동학교는 1906년에 설립되었다가 1년 만에 폐교된 서전서숙(瑞甸書塾)의 민족교육 정신을 계승하여, 김약연(金躍淵)의 주도로 서전서숙을 나온 김학연(金學淵) 등 애국지사들이 1908년 4월 27일 화룡현 명동촌(和龍縣 明東村)에 설립하였다.

1908년 4월 명동촌(明東村)에 있던 사숙을 통합하여 명동서숙(明東書塾)을 세웠다. 숙장(塾長)에 박무림(朴茂林), 숙감(塾監)에 김약연, 재정에 문치정(文治政), 교사에 김학연·남위언(南葦彦) 등이 취임하였다.

1909년 명동서숙은 이름을 명동학교로 바꾸고 김약연이 교장에 취임하였다. 1910년 3월에 명동중학교(明東中學校)를 병설하고 교장에 김약연이 취임하였으며, 교사는 국사에 황의돈(黃義敦), 윤리에 박태환(朴泰煥), 한글에 장지영(張志暎) 등이 초빙되었다.

그 밖에 박태식·최기학·송창희·박경철·김성환·김승근 등의 교사가 있었으며, 그 뒤 김철·박일·박상환·김치관 등이 교사로 부임하면서 간도·함경도 일대 및 연해주에서까지 입학생이 찾아왔다. 이로써 학교의 발전은 물론 교육내용도 더욱 충실해져 갔다.

1911년에는 이동휘(李東輝)가 명동에 와서 여성교육의 필요성을 역설하여 명동학교에 여학교를 병설하고, 교사에 정신태(鄭信泰)·이의순(李義順)·우봉운(禹鳳雲) 등이 취임하였다.

명동학교의 교과목은 역사·지지(地誌)·법학·지문(地文)·박물(博物)·이화(理化)·생리(生理)·수신·수공(手工)·신한독립사·위생·식물·사범교육학·농림학·광물학·외교·통역·대한문전·신약전서·중국어·작문·습자·산술·체조·창가 등이었다.

교육목표는 항일독립정신에 두었는데, 한 예로 입학시험 및 작문시험에 반드시 애국과 독립의 내용을 포함시켰으며, 매주 토요일에는 토론회를 열어 민족독립사상을 고취시키는 교육을 실시하였다.

3·1운동 때에는 주민과 더불어 대대적으로 독립운동을 하여 많은 희생자를 내었다. 이와 같은 항일교육에 대해서 일제는 명동학교를 조선인 독립운동의 소굴이라 하여 1920년 10월에 혼춘사건(琿春事件)을 조

작, 학교를 소각시키고 교장을 구속하였다. 그 뒤 학교를 재건하였으나 일제의 탄압과 재정난으로 1925년에 폐교되었다.

개교 이래 17년 동안 1,000여 명의 애국청년들이 명동학교를 졸업하였다. 명동학교는 서전서숙과 함께 재만한국인을 위한 민족교육의 주류였으며, 민족교육기관의 원조로서 인재를 양성하여 독립운동가 및 민족교육자로 배출, 재만한국인사회에서 자주독립을 위해 투쟁하게 만든 요람지였다.

7. 서전서숙의 폐숙 후 활동

이상설을 위시한 여러 민족애국지사들이 만들었던 서전서숙에서 교육을 받은 이들은 폐숙 후 각 방면에서 독립운동에 참여하였다.

▼ 서전서숙 옛터(출처: 인터넷)

1년 미만의 짧은 역사 속에서 서전서숙은 민족운동을 이끌어 갈 인재를 양성하는 데 성공했다고 할 수 있다. 서전 출신들로서 독립운동에 참여한 이들의 면모를 살펴보기로 하자.

　오병묵, 이병휘, 남세극, 구자익, 박세호, 최기학, 김학연, 윤준희 등은 국가보훈처에서 간행한 해외 독립운동사료 『북간도 지역 독립군단 명부』에서 그 활동을 찾아볼 수 있다.

　이 책은 『간도지역에서의 불령선인단의 조직 및 역원 조사서』라는 제목을 갖고 있는 바 북간도 한인사회의 독립운동에 매진했던 인물들의 소속과 조직계통을 도표화하고 있다(서광일, 「상동청년회와 서전서숙」).

　서전서숙에서 학생들에게 반일정신을 가르쳤던 이들 중에는 명동학교 등 이후 새로 설립한 민족학교에서 서전서숙에서 그러했듯 항일독립정신을 가르친 이들이 많았다.

　당시 용정촌 서전서숙에 근무했던 인물들은 그 주요 경력 및 활동이 밝혀진 인물들이 많은데, 하나같이 민족정신이 투철하고 반일적 성격이 강했던 독립운동가들이었다. 그들로부터 철두철미한 민족주의 교육과 항일사상을 주입받은 민족학교 출신 학생들 또한 후일 교육기관 및 각지에서 그 역할을 톡톡히 했다.

　예컨대 이상설과 함께 서전서숙의 설립과 운영에 참여하였던 이동녕과 여운형의 오촌숙 되는 여준은 북간도 동명학교 및 서간도 지방의 대표적 민족주의 교육기관이었던 신흥강습소에서 교원으로 활약하였고,

서전서숙 갑반 출신이었던 남세극은 나철, 서일, 박상환 등 여러 사람들과 화룡현 삼도구 청파호에 대종교 북도 본사와 하동에 남도 본사를 세워 종교 활동에 종사하는 한편, 풍락동과 청파호 등지에 실업학교를 설립하여 민족교육에도 힘썼다.

또한 을반의 김학연은 서전서숙 폐숙 이후에도 그의 종형인 김약연 등이 세운 명동학교에서 남위언과 같이 교원으로 재직하였다. 역시 을반 출신인 오병묵은 간민교육회에서 활동하였으며, 1908년에는 배일 성격이 강한 것으로 유명했던 연길현 와룡동의 창동학교에서 교장을 역임하기도 하였다. 뿐만 아니라 서전서숙의 중심인물들은 국외에 독립운동기지화의 계기를 마련하여 후일 항일민족운동을 전개하는 데 큰 기여를 하였다.

서전서숙이 간도 지방 조선족에 미친 영향을 중국 연변대학 교수는 다음과 같이 정리했다.

첫째, 서전서숙의 창립은 연변조선족들의 항일투쟁 서막을 열어놓았다 그 이듬해 일제가 연변에다 '조선통감부간도임시파출소'를 건립함에 따라 연변조선족들의 항일투쟁은 단지 조선 국내투쟁의 연장으로부터 직접적인 저항투쟁으로 전환되었고 그 중쟁형식이 어떠하였던지를 막론하고 일제에 대한 투쟁이 이미 시작되었음을 보여주고 있다.

둘째, 서전서숙을 발단으로 하여 진행된 연변의 사립학교 설립운동은 한 차례의 반일계몽 교육운동으로서 대중을 새로운 이념으로 무장시켜 근대정신으로 항일투쟁에로 궐기시키는 데 매우 큰 역할을 하였다. 이리하여 근대정신으로 무장된 연변의 조선족들은 민족이 독립을 위하여 무장을 들고 일제와 싸우는 성스러운 투쟁에 뛰어들었다. 이리하여 봉오동, 청산리 전투를 비롯하여 일제에게 우리 민족의 정신과 위력을 과시하였다.

셋째, 1920년대 전개된 공산주의자들의 항일투쟁은 비롯 서전서숙에서 창도한 근대정신과는 이념적으로 다르지만 만약 서전서숙으로 시작된 1910년대의 반일계몽 교육운동이 없었다면 1920년대의 공산주의운동도 있을 수 없다. 이 시기 공산주의자들의 지도자와 중견인물들은 그 대부분이 이전의 반일민족 독립운동 가운데서의 중요한 인물들이었고 만약 근대적인 이념의 토대가 없었다면 그 후의 새로운 사상의 구현도 있을 수 없다.

넷째, 서전서숙으로부터 시작된 연변조선족들의 항일투쟁은 38년이란 기나긴 세월을 거쳐 1945년에 끝내 종국적인 승리를 거두었다. 그때 창도했던 민족의 독립구상은 중국에 있는 조선족들을 놓고 보면 새로운 역사환경에서 자신의 위치와 힘을 찾고 진정으로 주인행세를 하는 결실로 세인에게 알려지고 있다. 지금 연변의 조선족들은 자신의 자치기관을 가지고 있으며 주인다운 자세로 자신들의 생활을 꾸려가고 있다.

물론 이것이 당시 서전서숙이 구상한 그 이상과는 이념상에서 다를지라도 지금 연변의 조선족들은 100년 전에 이상설 등 선생들이 우리 연변에다 중국에서 맨 처음으로 되는 근대교육기관인 서전서숙을 세운 데

대해 자호감을 느끼며 서전서숙의 정신을 잊지 않고 있다(김철수, 「연변
조선족의 항일투쟁과 서전서숙」).

4장

만국평화회의 특사로

선정되다

1. 헤이그특사를 준비하다

이상설이 북간도에서 서전서숙을 개설하여 민족교육을 실시하고 있을 무렵, 일제는 서울에 조선통감부를 설치하여 국권을 농단하는 한편 한국인의 저항을 억누르기 위해 전국에 일본 경찰을 배치하고 의병을 닥치는 대로 학살했다.

을사조약에서는 대한제국 황제 밑에 일본정부의 대표자로 1명의 통감을 두어, 한일의정서 이후 제한되던 대한제국의 외교권을 통감이 지휘·감리하게 하였다. 통감은 "오로지 외교에 관한 사항"만을 관리한다는 명분으로 서울에 주재했으며, 개항장 및 기타 지역에 이사관을 두어 통감 지휘하에 일본 영사가 관장하던 일체의 직권 및 협약을 실행하는 데 필요한 일체의 사무를 관리했다.

1905년 11월 22일에 '통감부 및 이사청 설치에 관한 칙령 240호'를 발표하였다. 이후 통감은 외교에 관한 사항만 관리한다고 을사조약에 명시되었지만, 일본은 을사조약 이전에 한일 양국 간에 체결된 기존의 조약은 을사조약과 저촉되지 않는 한 유효하다는 조약 내용에 근거하여 외교 이외에도 종래의 양국 간의 조약 시행을 담임할 수 있다는 해석을 제시하여 통감의 직권 확장을 도모하였다.

결국 이후의 관제에 따라 통감은 한국의 외교 대행자일 뿐만 아니라, "조약에 기초하여 한국에 있어서 일본 제국 관헌 및 공서(公署)가 시행하는 제반 정무를 감독하고 기타 종래 제국 관헌에 속하는 일체에 대해 감독사무를 시행"하도록 하고, "한국정부에 용빙된 일본제국 관리를 감독"하도록 규정되었다. 이를 통하여 한일의정서 체결 이후 한국 정부에 꾸준히 파견된 고문관에 대해 통감이 감독권을 가지게 되었으며, 이른바 고문통치를 통해 한국 내정에 관여할 수 있게 된 것이다.

통감부는 일본 외무성에서 독립된 일본 천황 직속의 기관으로, 통감 유고 시에는 일본의 한국 주재군 사령관이 그 직무를 대행하도록 하였다. 또한 한국 주재군 사령관은 통감의 명령으로 병력을 사용할 수 있고, 긴급한 경우에는 재량으로 병력을 동원하고, 사후에 통감에게 보고하도록 규정되었다. 이처럼 통감부는 일본군과도 밀접한 관계를 가지고 있었다.

일제는 통감부를 설치하고는 조선 주둔 일본군 사령관 하세가와 요시미치를 임시통감에 임명하였다. 곧이어 이토 히로부미가 초대 통감으로 부임하여 조선에 대한 무단통치를 자행했다. 1906년 6월 12일 최익현, 임병찬을 비롯한 의병 지도부를 전라도 순창에서 검거하여 일본 쓰시마(대마도)로 유배하는 등 만행을 서슴지 않았다. 일제는 전국 각지에서 봉기한 의병을 무차별 학살했다.

1907년 연초부터 국채보상운동이 일어나고 3월에는 나철이 이끄는 오적암살단이 을사오적을 습격하는 등 구국투쟁이 전개되었다. 이 같은 상황에서 전덕기 목사가 이끄는 상동교회에 애국지사들이 은밀히 모여 들었다. 이동휘, 이동녕, 이회영, 노백린, 안태국, 신채호, 이상재, 이승훈, 양기탁, 남궁억, 이준, 최광옥 등 당대의 엘리트 청년들이었다.

이회영 등은 1907년 여름에 네덜란드 헤이그에서 제2회 만국평화회의가 열린다는 소식을 《대한매일신보》 주필 양기탁을 통해 자세히 알게 되었다. 만국평화회의는 1899년 5월 18일부터 동년 7월 29일까지 러시아 황제 니콜라이 2세의 주창으로 세계 26개국이 참가하여 제1회 평화회의가 개최되면서 시작되었다.

만국평화회의는 러시아 황제 니콜라이 2세가 제창하여 개최된 세계 평화를 도모하기 위한 국제회의로서, 참가국들은 군비 축소와 평화 유지 문제를 협의했으나 합의를 이루지 못했다. 특히 제2차 회의 때 대한제국 황제 고종이 이준·이상설·이위종 3명의 특사를 파견해 일본의 부당한 침략 행위를 폭로하고, 국제 여론의 도움을 얻어 조약을 파기시키려 했지만 일본 측의 방해 공작으로 실패했다.

네덜란드 정부와 평화회의 의장 알렉산드르 이바노비치 넬리도프는 을사조약이 이미 국제적으로 승인을 받은 이상 이 문제에 대한 거론이 불가능하다며, 회의 참가까지 거절했다. 일본은 이 사건을 구실로 고종을 물러나게 하고 순종을 세웠으며, 한·일 신협약을 체결하고 구한국 군대를 해산시키는 등 조선을 식민지로 만드는 데 박차를 가했다.

한편 이회영과 전덕기 등은 헤이그에서 제2회 만국평화회의가 열린다는 사실을 알고는 특사를 파견하기로 마음먹었다. 그들은 국제사회에 일제가 무력으로 대한제국 정부를 겁박하여 외교권을 강탈했다는 사실을 알리기로 결심하였다.

사안의 중대성으로 보아 이회영은 여러 사람과 상의할 성격이 아니어서 극비로 전덕기 등 몇 사람과 추진할 수밖에 없었다. 그리고 협의 대상으로 대한협회에서 일할 때 가까워져 서로 믿고 지내던 내시 안호영을 통해 고종황제에게 주청하는 방법을 모색하였다. 대한협회는 1907년 서울에서 조직된 계몽단체로 통감부가 대한자강회를 강제 해산하자 이회영, 권동진, 남궁억, 장지연, 오세창 등이 국력배양을 위한 교육, 산업의 발달을 내세우며 협회를 만들었다.

1906년 창립되어 교육진흥과 식산흥업을 주지로 삼고 계몽운동에 앞장서서 일제의 침략정책에 항거, 투쟁하던 대한자강회(大韓自强會)가 일제 통감부에 의하여 강제해산된 뒤, 대한자강회의 고문이던 오가키 다케오(大垣丈夫)가 이토 히로부미의 내락을 얻어 1907년 11월 10일 윤효정(尹孝定)·장지연(張志淵) 등 이전의 대한자강회 간부들과 천도교의 대표로서 권동진(權東鎭)·오세창(吳世昌) 등을 추가시켜 10명으로 이 단체를 조직하였다.

대한자강회가 해산된 지 겨우 3개월 만에 그 구성과 목적이 크게 다르지 않은 대한협회가 창립될 수 있었던 것은 일제가 한국의 배일적인 지식인들을 한 단체로 규합하고 회유하여 적극적이고 직접적인 반일투쟁에의 참여를 막기 위한 것으로 풀이된다.

사무소는 서울 탑동(塔洞)에 있었고, 회원은 약 5,000명이었으며, 평양·대구·진주 등 37개 지회가 있었다. 총재에 민영휘(閔泳徽)가 선출되었으나 취임을 사양하여 공석이었고, 회장 장박(張博)도 취임을 사양하여 남궁 억(南宮檍)이 되었다.

부회장에 오세창, 총무에 윤효정, 평의원으로 장지연·권동진·유근(柳瑾)·정교(鄭喬)·이종일(李鍾一) 등 23명, 찬의원(贊議員)으로 지석영(池錫永)·김중환(金重煥)·정봉시(鄭鳳時) 등 10명, 그밖에 감사원·회계·서기 등이 있었고, 교육부장에 여병현(呂炳鉉), 회보발행소장에 홍필주(洪弼周), 편집 겸 발행인에 이종일이었다.

1908년 7월 남궁 억의 사임으로 김가진(金嘉鎭)이 회장이 되었으며, 일본인 오가키 다케오와 시가 스케고로(志賀祐五郞)가 고문으로 선출되면서 협회의 성격도 크게 변하였다.

대한협회의 강령을 보면, "교육의 보급, 산업의 개발, 생명재산의 보호, 행정제도의 개선, 관민폐습의 교정, 근면저축의 실행과 권리, 의무, 책임, 복종의 사상을 고취"라는 7개 항목으로 되어 있다. 결국 이 협회는 국가의 부강, 교육과 산업의 발달을 추구하였는데, 국가는 개인의 모임이며 개인은 분자이니 양자가 합심하여 자립의 터전을 마련하고, 이를 위하여 국민의 거국적인 협조로 정치·교육·산업을 강구하여 국민의 자질을 향상시키고자 한 것이다. 또한 관인, 폐습의 교정, 근면 저축의 실행, 권리·의무·책임·복종 등 국민의식의 고취를 목적으로 하였다. 그러나 실제활동에서 주권수호 등의 정치활동은 제대로 하지 못하였다. 조직활동의 강화, 월보 간행, 회관 건립사업의 추진, 인권옹호 등이 있었으나, 때로는 항일·친일의 모호한 성격도 나타났다.

부서로는 교육·법률·재무·실업·지방부 등 5부를 두었고, 부서별 활동은 비교적 활발하였으며, 세율의 교정, 재산피탈 사건의 조사, 강연회 등을 통해서 국민의 권리보호에 앞장섰다.

또한, 이와 같은 일을 보다 적극적으로 추진하기 위하여 신리강구소(伸理講究所)를 설치, 토호의 탐학금지와 부당함 등을 바로잡고자 하였으며, 국민을 지도·계몽하였다.

또한, 회보를 통하여 정치·사상·역사 등을 밝혔으며, 각 부서의 활동을 통하여 『대한지지(大韓地誌)』, 『외교약사(外交略史)』, 세계지리, 문예 등을 광범위하게 취급하여 교양·계몽에 힘썼다. 그리고 회의 지도이념과 사회교화를 위하여 실천행동의 지표로서 3덕(德)·5계(誡)·6적(的) 의무를 추진하였으며, 1908년 4월부터 매월 회보를 발행하여 국민들을 지도·계몽하였으나, 경비 부족으로 통권 12호로 종간한 뒤 신문으로 바꾸었다.

회보는 매월 2,000부 이상 발행하여 국내는 물론 중국·일본·미국에까지 보급하였다. 이와 같이, 창립 당시 대한자강회의 후신으로 항일운동을 강력 추진하였으나 점차 그 성격이 변하였다

국민의 참여와 지지가 높아지면서 통감부의 탄압으로 활동이 크게

위축되었지만, 이회영은 대한협회에서 안호영을 만나게 되었다.

전덕기와 이회영이 구상한 방안을 내서 안호영을 통해 황제에게 전하는 한편, 특사로 적합한 인물을 골라 추천하였다. 특사의 정사에는 이상설, 부사는 이준과 이위종을 천거하였다. 이준은 한성재판소 검사보로서 조신들의 비행을 파헤치다 면직되고, 독립협회에 가담하여 평의장으로 활동하고 이어서 독립협회 간부로 일하다 투옥되기도 했다.

이준은 러일전쟁 뒤 일제의 한국 침략이 노골화하자 보안회를 조직하여 황무지 개척권을 강탈하려던 일제의 기도를 저지했으며, 일진회에 대항하여 공진회를 조직, 회장에 추대되고 을사오적을 규탄하다가 유배되었다가 풀려나서 헌정연구회를 조직한 데 이어 이를 대한자강회로 발전시키는 핵심적 역할을 하였다.

이위종은 러시아 주재 한국공사 이범진의 둘째 아들로서 러시아 주재 한국공사관 참사관을 지냈다. 러시아에서 영어, 불어, 러시아어를 익힌 까닭에 헤이그에서 활동하기에는 적합한 인물이었다.

황제는 이와 같이 특사 3인의 천거를 받은 후, 4월 20일자로 국새와 황제의 수결이 찍힌 백지위임장을 미국인 측근 헐버트를 통해 보내왔다. 황제가 '백지위임장'을 보낼 만큼 만국평화회의의 특사 파견은 절실한 과제였고, 한편 이회영과 전덕기가 천거한 인물들을 전적으로 신뢰한다는 뜻이었다.

헐버트는 1905년 을사늑약 뒤 황제의 특지를 갖고 미국에 가서 대통령과 국무장관을 만나려 했으나 실패하고 한국으로 돌아온 전례도 있어서 이번 일에 누구보다도 적극적이었고, 황제의 신임장을 받아 이회영에게 전달할 수 있었다. 헐버트는 특사 3인과는 다른 경로로 헤이그에 도착하여 이들의 외교활동을 적극 도왔다.

헐버트는 1886년 소학교 교사로 초청을 받고 육영공원에서 외국어를 가르쳤다. 1897년 한성사범학교 책임자가 되며 대한 제국 교육 고문이 되었다. 1890년 우리나라 최초의 순 한글 교과서인 《사민필지》를 출간하고 1896년에는 구전으로만 전해 오던 아리랑을 우리나라 최초로 채보하여 논문으로 발표하였다. 1905년 을사조약이 체결된 후 자주 독립을 주장하여 고종의 밀서를 휴대하고 미국에 돌아가 국무장관과 대통령을 면담하려 했으나 실패했다. 1907년 고종에게 네덜란드에서 열리는 제2차 만국 평화 회의에 밀사를 보내도록 건의하고, 한국 대표단보다 먼저 헤이그에 도착해 《회의시보》에 대표단의 호소문을 싣게 하는 등 국권 회복 운동에 적극 협력하였다. 대한민국 수립 후 1949년 국빈으로 초대를 받고 내한하였으나 병사하여 양화진 외국인 묘지에 묻혔다.

2. 헤이그특사들의 밀회

이상설은 중국으로 망명하기 전에 이회영, 전덕기, 이준 등과 상동교회 지하실에서 헤이그특사 파견문제를 은밀히 논의했던 것으로 전한다.

1885년(고종 22)에 조선에 입국한 스크랜턴은 정동교회 근처에 정동감리교병원을 세우고 가난한 환자들을 무료로 치료하다가, 의료사업을 확장하기로 하고 남대문 근처인 지금의 상동교회 자리를 구입하여 약국과 병원을 차려 의료선교와 복음선교를 겸함으로써 오늘의

▼ 상동교회

상동교회가 시작되었다.

1893년(고종 30) 이 병원교회가 정식으로 구역회로 승격되어 스크랜턴이 담임목사로 임명되었고, 1895년(고종 32) 정동병원을 상동병원으로 통합하여 상동교회 자리는 전적으로 병원으로 사용하고, 교회는 지금의 한국은행 자리인 달성궁(達城宮)으로 옮겨 비로소 교회와 병원이 분리되었다.

1900년 7월 상동병원이 세브란스병원과 통합되자, 그 자리에 현대식 교회건물을 신축, 1901년 6월에 준공을 보아 교회를 옮기고, 1902년부터 전도사 전덕기(全德基)가 맡아보게 되었다.

1905년 을사조약이 체결되자 전덕기를 중심으로 한 조약무효투쟁이 전개되어, 김구(金九)·이준(李儁) 등의 독립투사들이 자주 드나들었고, 1907년 이곳 지하실에서 헤이그특사 사건의 모의가 이루어졌으며, 같은 해 이곳에서 신민회(新民會)가 조직되어 교육을 통한 독립운동이 전개되었다.

즉, 중등교육기관으로 상동청년학원을 설립하여 청년들에게 민족의식과 역사의식을 고취시켜 독립정신을 함양하는 데 주력하였다.

그러나 1914년 전덕기가 신민회 사건으로 순직하고 상동청년학원도 폐교되는 불운을 겪게 되었으며, 민족항일기 말기에 이르러서는 교회에 대한 탄압이 더욱 가혹해져, 1944년 3월 마침내 폐쇄되어 일제의 신사참배와 소위 황도정신(皇道精神)의 훈련장인 황도문화관으로 바뀌었다.

8·15광복을 맞아 재건되었으나 6·25전쟁으로 교회 건물이 많이 파괴되었으므로, 1974년 10월 벽돌 예배당을 헐어 현재의 12층 건물을 신축, 7층 이상을 교회로 사용하고 지하층과 지상 4층까지는 백화점으로 사용하여, 여기서 나오는 이윤을 전적으로 선교사업에 충당했다.

수원의 삼일상업고등학교와 삼일공업고등학교를 운영하는 한편, 미자립 교회에 대한 원조사업 등 광범위한 기업선교를 지속적으로 전개함으로써 기독교 100년사에 새로운 선교유형을 만들어내었다. 개신교 100여 년의 역사를 함께 걸어온 상동교회는 현재 서철(徐哲) 목사가 제25대 목사로 재직하고 있다.

상동교회는 헤이그특사 사건을 계획한 역사적인 현장이며, 많은 독립운동가를 배출하여 독립운동에 활용되었던 장소로서 보존가치를 인정받아 2013년 서울 미래유산으로 등재되었다.

전택부(전 서울 YMCA 명예총무)가 육당 최남선으로부터 들었다는 기록도 있다.

나아가 나는 육당과의 질의 응답을 통해 상동교회가 '헤이그밀사 사건'의 산실이었음을 알게 되었다. 1905년 을사조약 이후 이상설, 이회영, 이준 등이 상동예배당 지하실에서 밀회를 가졌었다. 가끔 기독교청년회 다락방으로 자리를 피해 다니면서 밀회를 거듭했다.

그 배후에는 물론 전덕기 목사와 이상재 두 사람이 있었다. 종로 청년

회관에서 모일 때에는 박승봉도 관여했다. 당시 그는 궁내부 차관, 즉 협판이었고, 이상설은 의정부 참찬이었으므로, 고종황제의 재가와 어인을 찍게 하는 데 유리한 입장에 있었던 것이다.

　이상설의 중국 망명은 '위장망명'이었다는 설이 당시에도 제기되었다. 만국평화회의에 참석하기 위해 고종황제와 밀약이 되고, 일제의 감시를 피하고자 미래 북간도로 가서 서전서숙을 열어 위장했다는 것이다.《대한매일신보》(1907년 7월 9일자)에 따르면, "이상설은 출발 전 황제로부터 특사의 인수를 받았다"고 보도했다. 또한 1910년 경술국치 이후 이상설이 고종을 러시아로 파천시켜 망명정부를 세우고자 했던 것과도 연관성을 찾을 수 있을 것 같다. 또 주요한의 『추정이갑』과 이상직의 『한말잡보』, 강상원의 『이보재선생약사』 초안 등에도 비슷한 내용이 실려 있다.

　1907년 화란의 헤아에서 만국평화회의가 열린다는 소식이 전해지자 고종황제는 이 회의석상에서 일본의 야망을 폭로할 결심을 하고 극비리에 참찬 이상설을 해삼위에 대기시켰다. 이 소식을 알게 된 추정(이갑)은 사태의 중요성을 파악하고 동지인 도산(안창호) 및 이동휘, 유동열, 전덕기, 이종호 등과 밀의하여 이준을 이상설과 함께 보내기로 계획하였다.

　김명준(별입시)으로 하여금 고종황제께 뜻을 전하여 재가를 얻고 그해 일찍감치 이준에게 고종밀칙을 휴대하고 이상설과 동도하여 헤아로

가게 하였다.

헤이그특사 파견 준비와 관련하여 결정적인 역할을 한 사람은 이회영과 전덕기 그리고 전덕기의 처이종자매가 되는 고종의 침전내인 김상궁이었다.

헤아 평화회의가 미구 개최나 궁중을 통섭해야 황제폐하께 그 경영사를 품달할 도리가 무하더니 그 족인 이회영이 궁인 김씨 친지일새. 차의 인연으로 비밀품달하였으며 황제께서도 신임장을 서하고자 하시니 좌우 정탐과 파금이 심혹하야 수수불통일다. 연이나 원래 황제께서는 성재가 초인하심으로 미국인 헐버트에게 신임장을 비밀 서하였으며 헐버트도 한국에 동정하는 자라, 차를 상동감리교회 전덕기에게 비전하였으며, 덕기도 비밀히 이 참찬에게 전하였고…

선생은 심계묘산으로 주도면밀한 계획을 세워 왜적의 경계와 매국노들의 감시를 피하여 황실의 요로를 통해서 황제께 을사년의 거짓 조약을 철폐, 취소하고 독립 국권을 회복하기 위해서 만국평화회의에 대사를 특파할 것을 주청하였다.

고종황제께서는 이러한 뜻을 가납하시고 참찬 이상설을 대사로 파견하기로 은밀히 의결하신 후 신임장을 미국인 헐버트 박사에게 내려주셨다. 헐버트 박사는 신임장을 선생(이회영)에게 전하였고, 선생은 이상설에게 전달하였다.

이상설은 황제의 신임장을 받고 이준, 이위종을 부사로 대동하고 장도에 올라 아시아의 수도 상트페테르부르크를 경유하여 헤이그에 갔다. 그리고 선생은 여준을 보내 이상설의 사업을 계속하게 하였으며, 이상설 밀사의 성공을 마음으로 축원하였다(이관직, 『우당 이회영 실기』).

또 다른 기록도 있다. 이완회의 『보재 이상설 선생 전기 초』에 보이는 기술이다.

신임장이 밀하되어 보재 선생 손에 들어가기까지에는 여러 동지들의 노고가 많았으나 이 어려운 일을 담당한 분은 상동예배당 목사 전덕기 씨와 그의 처이종매되는 김 상궁(고종의 침전내인)의 비상한 노력의 결과라고 한다. 이 전말을 당시 이에 참여하였던 성재 이시영 선생과 상해에 가서 석오 이동녕 씨를 모셨던 민충식 씨가 석오 선생께 들은 바를 여기에 적어보고자 한다.

"김 상궁은 전 목사의 지시대로만 움직였으니 상소문을 고종께 올렸을 때는 이를 보신 후 낙루를 하시었고, 또 수일 후 상감께서 봉서를 주시며 조심하여 전하라고 하시며 혼잣말로 여비는 어찌하나 하시며 한숨을 내쉬었다고 한다. 그때 밀하된 신임장은 친서(수결)와 어새만이 찍힌 백지였다고 한다."

종합하면, 이회영은 특사 파견의 기획단계에서 전덕기, 이시영, 이동녕 등과 은밀히 논의하고, 고종황제에게는 전덕기 처이종동생을 통해 전달하고, 그 과정에 헐버트의 의견과 관여가 있었던 것으로 보인다.

헤이그특사 파견 관련 일본 측의 정보보고는 다음과 같다.

그것은 보호 정치 반대 국서를 가지고 헤이그 만국평화회의에 참석하여 제국의 통치에서 벗어나려 한 운동으로 음모의 수령은 박영효이다. (…) 이동녕, 이시영, 이회영, 전덕기, 정순만, 이상설 등이 이 책략을 건의한 인물들이고 내부에서 이준(상동 청년회 외교부장), 이상설 2명을 사절로 파견하기로 결정했으나 여비와 황제의 국서를 얻기 어려워 한규설에게 부탁하였지만 (…) 한규설은 궁내부 비서 조남걸(황제의 이종사촌)에게 소개하고 또한 김명준의 알선으로 내관 강석호와 연결하여 마침내 국서와 여비를 얻었다.

그리고 국서가 발각될 것을 우려하여 당시 학부고문이었던 미국인 헐버트에게 인도하였고, 헐버트는 이것을 가지고 먼저 미국으로 건너가 샌프란시스코에서 2명의 밀사를 기다려 만나 서로 제휴하여 헤이그로 가기로 약조하고, 헐버트는 황제로부터 내탕금 25만 원을 받아 이 음모를 원조한 것이다(『조선독립운동의 근원』, 사이토 마코토(齋藤實) 문서).

고종은 광무 11년(1907) 4월 20일 경운궁에서 특사들에게 전하는 다음과 같은 신임장을 내렸다.

한국의 자주독립은 세계 각국이 인정한 바이다. 한국은 각국과 조약을 체결하였으니 열국 회의에 사절을 파견하는 것이 도리이다. 1905년 11월 18일 일본이 외교대권을 강탈하여 우리와 열국의 우의를 단절시켰다. 일본이 공법과 인도를 어기며 기만하고 능멸한 것이 이루 다 말할 수 없다.

종이품 전 의정부참찬 이상설, 전 평리원검사 이준, 전 주러시아공사관 참사관 이위종을 화란의 헤이그 만국평화회의에 특사로 파송한다. 우리나라의 제반 고난과 사정을 회의장에서 피력하여 우리의 외교대권을 회복하고 우리와 열국과의 우의를 회복하게 하라(이선근, 『한국사-현대 편』).

3. 헤이그에 도착하다

고종은 이상설, 이준, 이위종 세 특사와 함께 헐버트에게도 별도의 신임장을 주어 헤이그로 파견하였다. 고종의 외교고문 역할을 한 헐버트는 1905년 을사늑약 후 황제의 밀서를 갖고 미국에 가서 대통령과 국무장관을 만나려 했으나 실패하고, 다시 돌아와 1906년 『한국평론』을 통해 일본의 야심과 야만을 폭로하다가 이번에 다시 밀지를 받아 헤이그로 떠나게 되었다.

짐은 헐버트를 미국, 영국, 프랑스, 독일, 러시아, 오스트리아, 헝가리, 이탈리아, 벨지움 및 청국 정부에 특별사절로 임명한다. 차제에 그에게 전권을 부여하여 짐과 또 대한제국의 제반관계를 위해 열거한 제국 정부에 대표케 한다. 동시에 짐은 그에게 한국의 정치현황에 관한 문서를 각국 정부에 전달케 하고 본국 정부와 일본 정부 간에 야기된 여러 가지 문제를 헤이그 평화회의에서 현 사태의 조정을 담당하도록 특별사절의 자격을 부여한다(이민원, 「광무황제와 헤이그특사」, 『헤이그특사와 한국독립운동』).

제2회 만국평화회의는 여러 가지 사정으로 1년 동안 열리지 못했다. 황제의 신임장을 지닌 이준은 1907년 4월 21일 한국을 출발, 블라디보스토크에서 대기하고 있던 이상설을 만나 합류하였다. 저간의 사정을 소상히 들어 알고 있었던 이상설은 이준과 함께 5월 21일 러시아 귀화 2세인 차 니콜라이의 안내를 받아 시베리아 철도 편으로 러시아 수도 상트페테르부르크로 출발하였다.

6월 중순, 상트페테르부르크에 도착한 그들은 전 러시아주재공사 이범진과 그의 아들 이위종을 만나게 되었는데 여기서 마침내 세 사람의 특사는 그 진용을 갖추게 되었다. 이상설, 이위종, 이준 특사 세 사람은 전 러시아공사를 역임했던 베베르와 바파로프 등의 주선으로 러시아 외무대신과 황제를 만나 한국의 입장과 주장을 협의하고자 하였다. 이때 세 특사는 고종황제가 러시아 황제에게 보내는 간곡한 친서까지 가지고 있었다.

고종황제는 러시아 황제에게 보낸 친서에서 3명의 특사를 보내게 된 경위와 러일전쟁 직전에 자신이 대외중립을 선언했던 것을 강조하면서, 제2회 만국평화회의에 한국 특사들을 참석케 하여 그들을 지원해 줄 것을 요청했다.

▼ 고종황제의 친서

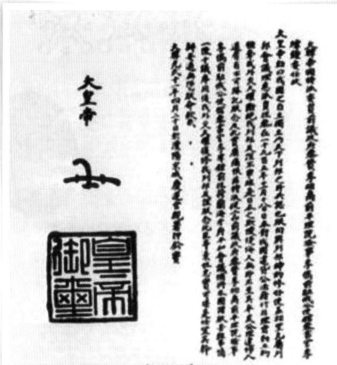

니콜라이 2세는 고종황제의 친서를 받아보고는 "일본이 전쟁 중에 대한제국에서 체결한 모든 조약은 무효임"을 선언하고, 다음과 같은 회답 친서를 보내 광무황제에게 지원을 약속하였다.

> 프랑스 한국주재 공사였던 퐁트네를 통해 폐하가 곤경에 처해 있다는 친서를 받았다. 짐에게 대한제국의 장래(독립)는 전과 같이 귀중하며 항상 짐은 진실한 우방국가로 대한제국을 잊지 않고 있음을 보증한다(박효종, 「러일전쟁과 한국」, 『신동아』).

6월 24, 25일경 이상설, 이준, 이위종 세 사람의 특사는 일제의 감시망을 피해 무사히 헤이그에 도착했다. 제2회 만국평화회의는 이미 6월 15일에 개최된 상태였다. 이들 세 특사의 비용은 고종의 내탕금에서 내린 20만 원과 블라디보스토크 한인회장 김학만과 정순만 등이 교포들로부터 모금한 1만 8,000원으로 마련하였다.

헐버트는 이 세 사람과는 별도로 시베리아 철도 편으로 프랑스 파리를 거쳐 비슷한 날짜에 헤이그에 도착하였다. 헐버트는 이상설, 이위종, 이준 세 특사와 합류하였다. 이상설과 특사들은 헤이그 시내 바겐슈트라트 124번지 융스 호텔에 숙소를 정하고는 호텔 정문에 태극기를 내걸고 특사로서의 맡은 바 임무를 시작하였다.

5장

만국평화회의 참석이 가로막힘

1. 만국평화회의 문건의 준비

1907년 6월 15일부터 10월 18일까지 헤이그의 빈넨호프 궁에서 45개
국의 대표 239명이 모인 가운데 제2회 만국평화회의가 개최되었다. 이
는 1회 때보다 19개국이 늘어난 수치로 대한제국정부는 그 명단에서 제

▼ 헤이그 제2회 만국평화회의

외되었다. 당초 1906년에 열리기로 했을 때는 대한제국도 초청국에 포함되어 주러 한국공사 이범진을 통하여 대한제국정부에 알렸으나, 회의가 1년간 순연되는 과정에서 일본과 미국과 영국 등의 방해로 명단에서 빠지게 되었다.

이상설은 대한제국을 대표하는 특사의 자격으로 대표단의 회의 참석을 위해 여러 가지로 노력했다. 제2회 만국평화회의의 의장은 제1회 때와 같은 러시아 수석대표 넬리포프가 맡았다. 이상설은 고종황제의 친서를 러시아 황제에 전달하려는 등 온갖 노력을 기울였다. 하지만 러시아 정부는 일제의 감시와 압박을 신경 쓰느라 황제의 면담은 물론 친서의 접수도 거절하였다.

제2회의 회의주제는 〈전쟁법규에 관한 협정〉을 주 의제로 하여, 1. 국제중재재판소의 발전문제, 2. 육전규정에 관한 문제, 3. 해전규정에 관한 문제, 4. 전쟁 중 노획한 전리품 처리에 관한 문제 등이었다.

일본 대표들은 대한제국이 사절단을 파견하고 또 그 사절단이 헤이그에 도착하여 활동을 시작한 것을 알고는 크게 놀랐다.

"그들은 이 사실을 알고 놀라지 않을 수 없었다. 그들은 본국에 이 사실을 알리는 한편 특사들의 활동을 방해하기 시작했다."(『일본외교문서』, 권40).

만국평화회의에 참석하기로 한 일본 대표는 깜짝 놀라, 그들 본국의 외무대신 및 총리대신과 서울의 통감 이토 히로부미에게 대한제국의 특사들에 대해 보고하였다. 이들은 일제의 치밀한 계획에 따라 한국 대표들의 회의 참석과 활동을 갖은 수단과 방법으로 방해했다.

이상설은 때에 맞춰 헤이그에 도착한 헐버트는 물론 미국에 거주하던 윤구병과 송현주를 헤이그로 불러 대표단에 합류시키는 한편, 우호적인 영국의 언론인 윌리엄 스테드와 평화운동가 에르투하 스투너 여사 등의 지원으로 대표진영을 강화하였다.

헤이그에 도착하기 전 이상설, 이위종, 이준 세 사람의 한국 대표들은 제정 러시아의 수도 상트페테르부르크에 들렀다. 그들은 일본의 침략과 한국의 요구사항을 만국평화회의에 참석한 각국 대표들에게 알리기 위해 준비한 〈공고사〉와, 이상설이 직접 지켜보았던 을사늑약이 일본의 강박에 의해 맺어지게 된 과정을 소상히 적은 장문의 〈부속문서〉를 불어로 인쇄하였다.

"이 공고사와 부속문서는 일본의 일반적인 한국문제 선전이 허위임을 밝히는 중요한 구실을 하였다. 특히 을사오조약 체결의 경위에 관한 부분은 이상설이 경험한 실담으로서 현존하는 을사오조약기록 관계문헌 중 가장 정확하고 소상한 기록으로 평가될 수 있을 것 같다."(윤병석, 「이상설론」).

〈공고사〉와 〈부속문서〉는 네덜란드 국립문서보관소에 소장되어 있다.

〈공고사〉

헤이그, 1907년 6월 27일

헤이그 만국평화회의 대표자격으로 대한제국 황제폐하에 의해 특파된 전 의정부참찬 이상설, 전 평리원검사 이준, 성 페테르스부르크 주재 대한제국 공사관의 전 참사관 이위종은 우리나라 독립이 여러 나라에 의해 1884년에 보장되고 또한 승인되었음을 각국 대표 여러분에게 알려 드림을 영광으로 생각합니다. 그뿐만 아니라, 우리나라의 독립은 여러분의 나라에서 지금까지 인정하여 왔습니다.

1905년 11월 17일까지 이상설은 당시 의정부참찬으로 재임했던 까닭에 일본이 국제법을 무시하고 무력으로 우리나라에 들어와 귀국과 오늘날까지 유지되고 있는 우호적인 외교관계를 강제로 단절하고자 하였던 일본의 음모를 목도하였습니다. 그러므로 일본인이 사용한 방법과 내용을 각국 대표 여러분에게 알려드리고자 합니다.

일본인은 그들 목적을 달성하기 위하여 무력으로 위협하고 대한제국의 권리와 법률을 침해하는 데 주저하지 않았습니다. 우리는 일본인이 어떠한 방법을 사용하였나 하는 것을 여러분에게 알려드림을 혜량하시고 보다 명확한 설명을 드리기 위해 우리의 규탄 이유를 아래 세 가지로 요약합니다.

1. 일본인은 황제 폐하의 재가 없이 을사오조약을 체결하였습니다.

2. 일본인은 자기들의 목적을 달성하기 위하여 대한제국정부에 대하여 무력행사를 감행하였습니다.

3. 일본인들은 대한제국의 법률이나 전통을 무시하고 행동했습니다.

이상 열거한 세 가지 사실이 국제법을 침해하였는지의 여부를 대표 여러분들의 공정한 판단에 맡기겠습니다.

일본의 이러한 간교가 우리나라와 우방국가의 사이에 지금까지 유지되고 있는 우호적인 외교관계를 단절하게 하고, 항구적인 동양평화를 위협하게 되는 것을 우리들이 독립국가로서 어떻게 용납할 수 있겠습니까?

우리는 헤이그 만국평화회의 참석을 목적으로 한 황제 폐하의 사절임에도 불구하고, 일본이 바로 우리나라의 권리를 침해했기 때문에 이 회의에 참석할 가능성을 박탈당한 데 대하여 심히 유감으로 생각합니다.

우리는 본국을 떠나던 날까지 일본인이 자행한 모든 방법과 범죄행위의 개요문서를 별첨합니다. 우리나라에 대하여 지극히 중대한 문제에 여러분의 우호적 배려를 바랍니다. 보충자료가 필요하시거나 또한 우리가 대한제국 황제 폐하로부터 전권을 위임받았다는 사실을 확인하고자 하신다면 알려 주시기 바랍니다. 우리는 대표 여러분에게 제반 편의를 제공하는 영광을 갖겠습니다.

대한제국과 우방국과의 외교관계 단절은 결단코 대한제국의 자의에 의한 것이 아니라 일본에게 침해당한 결과라는 점에 비추어 우리가 만국평화회의에 참석하여 일본의 음모를 천하에 밝힘으로써 우리나라의 권리를 수호할 수 있도록 대표 여러분의 호의적인 중재를 간청하면서 여러분에게 공고하는 바입니다.

각국 대표 여러분에게 우리는 미리 감사드리며 높은 경의를 표합니다.

이상설, 이준, 이위종

2. 만국평화회의에 참석 못 함

이상설, 이위종, 이준 세 사람의 대한제국 특사들은 〈공고사〉와 〈부속문서〉를 평화회의 사무국에 접수시켰다. 또한 6월 30일 평화회의 의장 넬리도프를 방문하여 고종황제의 신임장을 제시하면서 대한제국 특사단의 만국평화회의 참석을 요청하였다. 그러나 평화회의 의장인 넬리도프는 대한제국 특사단의 참석 여부는 네덜란드 정부의 소관이라고 에둘러 말하며 특사단의 참석을 거부하였다. 여기서 좌절할 수만은 없었다. 세 사람의 특사단은 네덜란드 외상에게 면담을 요청했으나 그 역시 접견을 거부했고, 미국 대표에 대한 접견 요청도 거부당하였다. 이는 뒤에서 모든 방해공작을 조장하고 있던 일제의 만행임과 동시에 냉정한 국제권력정치의 소산이었다.

그러나 여기서 멈출 수는 없었다. 6월 25일 이상설, 이준, 이위종은 평화회의의 제1분과위원회를 직접 방문하여 한국의 외교권을 박탈하고 정부의 기능을 마비시킨 일본의 비합법성과 파렴치함에 관한 전반적인 문제가 의제로 다루어지도록 요청하는 한편, 품속에 고이 품고 있던 고종황제의 친서를 전달하였다. 하지만 결국 대한제국 특사단의 회의참석은 허가되지 않았다.

대한제국 황제는 글월을 화란국(네덜란드) 만국평화회의에 보내노라. 염외에 시국이 대변하여 강린의 침박이 극심하여 마침내 우리의 외교권이 피탈되고 우리의 자유권을 손상함에 이르렀다. 그리하여 짐과 거국 신민은 통분읍울하여 규천읍지에 무소불지하니 원컨대 문호의 의와 부약의 의를 수렴하여 널리 각 우방에 의하여 법을 설하여 우리의 독립의 국세를 보전케 하여 짐과 및 전국 신민으로 하여금 은을 함하여 만세에 그 덕을 송케 되면 이에서 더한 만행이 있으랴. 균감을 통희하노라(유자후, 「이준선생전」, 『헤아밀사사건』).

하지만 여기서 좌절할 그들이 아니었다. 이상설, 이준, 이위종 세 사람의 특사단은 회의참석이 거부되자 이번에는 다른 전략을 전개해 보기로 마음먹었다. 회의가 열리는 평화회의장 광장에서 기자회견을 통해 이위종이 유창한 불어로 일제의 야만적 한국침략과 한국의 실정을 알리고 〈공고사〉와 〈부속문서〉를 배포했다. 이 문건은 만국평화회의 기관지 《평화회의보》 6월 30일자에 실리고 기자회견 내용은 7월 5일자 현지 신문에 1면 톱기사로 보도되었다.

이위종은 기자회견을 통해 "왜 대한제국을 제외시키는가?", "우리는 평화의 신을 찾아 그 제단이 있다는 헤이그까지 왔노라"고 강하게 주장했다. 또한 대한제국에서 자행되고 있는 일제의 만행에 대해 평화회의가 앞장서서 중재에 나설 것을 요청하였다. 이 같은 내용이 현지 신문에 자세히 보도되었다.

7월 9일 이상설, 이위종, 이준 세 사람의 특사들은 또 영국의 저명한 언론인인 스테드가 주관한 각국 신문기자단의 국제협회에 참석하였고 여기서 간곡한 발언을 이어 나갔다. 여기서 이위종은 세계의 언론인들에게 한국의 비참한 실정을 알리고 〈한국의 호소〉를 전하였다. 즉 1. 조약 강제의 내막, 2. 일본의 약정 비판, 3. 한국인들의 각오가 그것이다. 이 가운데 특히 주목된 것은 한국인들의 각오를 언급한 부분이다.

> 일본인들은 평화를 부르고 있으나 기관총 앞에서 사람들이 평화로울 수 있는가. 모든 한국인을 죽이거나 일본인이 한국의 독립과 자유를 자기 손아귀에 넣을 때까지는 극동에 평화가 있을 수 없다. 한국인들은 아직 조직화되지 않았다.
>
> 그러나 일본의 무자비하고 비인도적인 침략이 종말을 고할 때까지 대항해야 한다는 마음으로 하나가 되고 있다. 일본인들은 항일정신으로 무장된 2,000만 한국민을 모두 학살하는 일이 결코 유쾌하지도 쉽지도 않다는 것을 깨닫게 될 것이다.

이위종이 간곡하게 호소하자 마침내 각국 언론에서는 관심과 함께 대한제국의 상황에 대한 동정 여론이 일기 시작했다. 각국 신문기자단의 국제협회는 즉석에서 한국의 처지를 동정하는 결의안을 만장일치로 의결하기까지 하였다.

하지만 이상설, 이위종, 이준 세 특사의 열정적인 활동에도 불구하고 미국과 영국 등 열강들의 태도는 냉담하기만 했다. 이미 일제는 영국과 러시아의 동진을 견제한다는 명목으로 1902년 영일동맹에 이어 1905년 공수동맹을 맺은 상태였다. 또한 일제는 미국과는 1905년 러일전쟁 종전 직후 가쓰라-태프트 밀약을 통해 미국의 필리핀 지배를, 일본의 한국 지배를 양해하기로 한 뒤였다.

미국과 영국뿐만이 아니었다. 러시아는 평화회담 전까지는 한국을 적극 지원하다가 태도를 돌변하는 등 이중적인 태도를 내보였다. 1905년 8월 10일 미국 대통령 시어도어 루즈벨트의 중재로 미국 포스머스에서 러일 사이에 강화회의가 열렸는데, 이를 통해 대한제국에 대한 일제의 지도, 보호, 감리권이 인정되는 등 암묵적으로 일제의 대한제국에 대한 식민지배를 인정하였다.

3. 각국 언론을 통한 활동

　그러나 각국 언론인들은 이상설, 이위종, 이준 세 사람의 특사단에게 관심을 갖고 특사들과 인터뷰를 하거나 자료를 청하였다.

　헤이그 현지에서 한국의 특사일행은 위에서 보았듯이 각국이 냉담한 반응으로 인해 궁지에 처하였다. 그러나 그와 같은 각국의 공식적인 입장과 달리 이들을 동정하고 후원한 이들이 있었다. 바로 각국의 언론들이었다. 그중에서도 가장 중요한 역할을 한 이들이 '영국'의 언론인 스테드와 오스트리아의 스투너 여사 등이다.

　스테드 등은 수차 특사에 관한 기사를 신문에 게재했고, 열국의 언론인과 고위 인물들이 모인 자리에서 한국의 특사가 연설할 기회를 마련하였다. 1907년 9월 3일 국제협회에서 스테드는 이 연설회의 사회자로서, 세계인은 물론, 한국의 특사와 한국민에게 전하는 개회 연설도 하였다(이민원, 「광무황제와 헤이그특사」, 『헤이그특사와 한국독립운동』).

한국 사절단의 소식은 연일 현지 언론에 대서특필되었다. 헤이그에서 발생하던 신문 《Haagsche Courant》는 다음과 같이 보도하였다.

이준, 이상설, 이위종으로 이뤄진 한국대표단은 지난밤 프리세스그라트 6A에서 국제협회의 귀빈이 되었다. 저명한 인사들을 포함한 관심 있는 많은 사람들이 베넨호프의 평화회의에서 들을 수 없던 것, 즉 한국 독립이 폭력적 파괴에 대한 한국인의 호소를 들으려고 기다리고 있었다. 스테드의 한국 최근 역사에 대한 간략한 언급이 있었다.

그는 네덜란드가 한국이 초청되지 않은 것에 책임은 없으나, 이것은 단지 장애되어진 폭력의 논리적 결과라고 지적했다. 새카만 머리와 황색 피부를 지니고 매우 연민적으로 보이는 젊은 사람인 이위종은 자바인과 매우 유사하게 보였으며 유럽사람들에게 그들이 잘 교육받은 일본인들을 알고 있는 것처럼 일본인의 잔학성과 무신의성을 알리고자 하였다(이계형, 『고종황제의 마지막 특사-이준의 구국운동』).

이상설, 이위종, 이준 세 사람은 일제의 방해와 각국의 냉담으로 회의에 참석하지 못했지만, 나름의 활동을 전개해 작은 성과들을 거둘 수 있었다. 만국평화회의가 열리던 네덜란드 현지 언론뿐만 아니라 특파원들을 통해 미국과 유럽 각국 주요 매체에 이 세 사람의 특사단과 대한제국의 상황이 보도되기에 이르렀다. 《런던타임스》와 《뉴욕헤럴드》에도 이것들이 크게 보도되어 많은 사람들의 관심을 불러일으켰다.

4. 동지 이준의 순국

그런데 갑자기 청천벽력 같은 일이 벌어졌다. 대한제국의 특사단이 한창 활동을 벌이던 7월 14일 돌연 이준이 사망한 것이다.

이준은 뺨에 종기를 앓기 하였으나, 그것이 직접적인 사인은 아니었다. 일본에 의해 자행된 폭력적인 잔인한 재앙에서 나라를 지키지 못한 근심이 분통이 되어 화가 나고 기가 막혀 음식을 끊게 되었고, 그로 말미암아 마침내 병이 생겨 갑자기 죽음에 이른 것이었다. 이준이 운명하던 날 그는 의식을 잃은 것처럼 잠들어 있었다. 그러다가 갑자기 벌떡 일어나더니 부르짖었다. "우리나라를 도와주십시오. 일본이 우리나라를 짓밟고 있습니다!" 이것이 그의 마지막 유언이었다(이계형, 『고종황제의 마지막 특사-이준의 구국운동』).

이준의 순국과 관련 현지 언론 《더 텔레그라프》(1907년 7월 17일자)는

"이준은 볼에 종기를 앓고 있었고 이를 수술로 제거했는데 불행하게도 이 수술의 충격으로 죽음을 맞이하게 됐다"고 보도했다.

국내에는 순국 4일 만에 《황성신문》과 《대한매일신보》가 호외로 보도하고 정식보도는 7월 19일자에 실렸다.

> 금번 헤아만국평화회의에 이상설, 이준, 이위종 제씨 등이 참여고자 하다가 거절을 당하였다 함은 본보에 이미 게재하였거니와 다시 들은즉 그 3명 중에 이준 씨는 분격을 이기지 못하여 자기의 복부를 할부자처 하였다는 전보가 동우회 중으로 도착하였다는 설이 있다더라.
>
> 전 평리원 검사 이준 씨가 현금 만국평화회의에 한국 파견원으로 전 왕한 사는 일세인이 공화하는 바이거니와 작일 동경정보를 거한즉 해씨 가 충분한 지기를 불승하여 자결하여 만국사신지전에 열혈을 일쇄하여 만국을 경동하였다더라.

하지만 그럼에도 불구하고 이준의 사인은 정확히 밝혀지지 않았다. 여기 당시 현지의 언론보도를 싣는다.

> 평화회의에 초청받지 못한 사실에 대해 항의를 제기했던 한국인 대표 중의 한 사람인 이준 씨가 일요일 오후 와겐스트라트에 있는 그의 호텔 방에서 돌연히 사망하였다. 그는 뺨에 종양이 있었는데 수술에 의해 제 거되었다. 수술은 그의 죽음을 지연시켰을 뿐 결과적으로 그는 죽었

다. 이미 오늘 장례식이 거행되었다(《Haagsche Courant》(네덜란드) 1907년 7월 17일자).

이준이 갑작스럽게 사망하자 이상설과 이위종은 만국평화회의에 대한 기대를 접을 수밖에 없었다. 이상설은 이위종과 함께 구미 열강을 순방하며 일제의 비겁함과 야만을 폭로하고 대한제국의 독립을 구명하고자 구미 열강으로 떠났다. 이 당시 이준의 시신은 낯선 이국땅에 가매장 상태로 남겨진 상태였다. 이를 못내 안타까워하던 이상설과 이위종은 9월 5일 다시 헤이그로 돌아왔다.

1907년 9월 5일 구미 열강을 순방하며 외교전을 펼치고 있던 이상설과 이위종은, 윤병구와 이준의 사촌동생 이운을 대동하고 다시 헤이그로 돌아왔다. 가묘장한 이준의 묘를 정식으로 안장하기 위해서였다. 먼저 이상설은 102달러 75센트를 지불하고 Nieuw Eik Duinen의 영구묘지 사용 계약을 맺고, 이곳으로 이장하였다.

비문에 이상설이 '이준'이라는 이름자를 썼고, 이위종이 영문으로 비문을 "1859년 한국 북청에서 출생하여, 1907년 화란 공화국 헤이그에서 순절하다"라고 썼다.

이처럼 이준은, 1907년 네덜란드 헤이그에서 개최된 만국평화회의에 고종의 특사로 파견되어 을사조약의 무효와 한국의 독립에 대한 열강의 지원을 요청하다가 순국했다(헤이그밀사 사건). 본관은 전주(全州). 초명은 성재(性在)·여천(汝天)·선재(璿在). 자는 순칠(舜七), 호는 일성(一

醒)·해사(海史)·청하(青霞)·해옥(海玉). 아버지는 병관(秉瓘)이며, 어머
니는 청주이씨(清州李氏)이다.

어려서 부모를 여의고 할아버지 명섭(命燮)과 숙부 병하(秉夏)에게서
양육되었다. 1887년(고종 24) 북청의 초시(初試)에 합격하고 인재양성을
위해 고향에 경학원(經學院)을 설립했다. 1894년 함흥의 순릉참봉이 되
었으며 이듬해 법관양성소에 입학, 1896년 2월 한성재판소 검사보에 임
명되었다. 아관파천이 일어나자 장박(張博)과 함께 일본에 건너가 와세
다대학[早稻田大學] 법과를 졸업한 후 귀국했다.

1898년 독립협회에 가입하여 협회의 활동에 적극적으로 참여했으며,
그해 11월 만민공동회에서 가두연설을 하는 등 계몽활동에 앞장섰다.
1902년에는   이상재(李商在)·민영환(閔泳煥)·이상설(李相卨)·이동휘
(李東輝) 등과 함께 비밀결사인 개혁당을 조직하여 정치개혁운동을 전
개했다. 1904년 일본의 황무지 개간권 요구에 대항하여 대한보안회(大
韓輔安會)를 조직, 총무를 맡아 반대투쟁을 전개했다. 대한보안회가 일
제의 강압에 의해 해산되자, 다시 이상설과 함께 대한협동회(大韓協同會)
를 조직하여 부회장을 맡아 결국 일본의 요구를 저지시켰다.

또한 같은 해 12월 일진회(一進會)에 대항하여 공진회(共進會)가 조직
되자, 회장을 맡아 반일투쟁을 주도하다가 황해도 철도(鐵島)에 6개월
간 유배당했다. 1905년 윤효정(尹孝定)·양한묵(梁漢默) 등과 같이 헌정
연구회(憲政研究會)를 조직했으며, 11월 일제가 강압으로 을사조약을 체
결하자 조약폐기를 요구하는 상소문을 지어 동지들과 함께 상소운동을

전개했다. 이듬해 교육구국운동을 전개하기 위해 국민교육회(國民教育會)를 조직하여 운니동에 보광학교(普光學校)를 설립했으며 함경도의 유지들을 규합하여 한북흥학회(漢北興學會)를 발기하여 유학생들의 장학사업에 힘썼다.

그해 평리원(平理院) 검사를 거쳐 특별법원 검사로 활약했다. 그러나 상부의 압력에 굴하지 않고 소신껏 재판에 임해 결국 법부대신과 알력을 빚어 취임 8개월 만에 파직당했다. 1907년 1월 대구에서 국채보상운동이 일어나자 서울에 국채보상연합회를 설립하고 회장이 되어 모금운동을 주도했다.

1907년 7월 네덜란드 헤이그에서 제2회 만국평화회의가 개최된다는 소식을 듣고, 3월 하순 극비리에 고종을 만나 한자리에 모인 자리에서 을사조약이 일제의 강압으로 체결된 것이므로 무효임을 선언하는 한편, 한국의 독립에 관한 열강의 지원을 요청할 것을 제의하고 고종의 밀서를 받아내는 데 성공했다.

이에 따라 헤이그특사단의 부사(副使)가 되어 4월 22일 서울을 출발, 블라디보스토크에 가서 정사 이상설과 합류했으며 다시 러시아의 수도 상트페테르부르크로 가서 이위종(李瑋鍾)과 합류했다. 그곳에 만국평화회의의 주창자이며 의장국인 러시아 정부의 지지와 후원을 기대했으나 이루지 못하고 6월 25일 개최지인 헤이그에 도착했다. 이들은 곧 만국평화회의 의장에게 고종의 친서와 신임장을 전하고 공식적인 한국대표로서 회의 참석을 요청했으나, 한국은 이미 일본의 보호국이므로 1국을 대표하여 참석할 자격이 없다 하여 거부되었다.

　이에 세 특사는 일제의 침략을 폭로·규탄하고 을사조약이 무효임을 선언하는 공고사(控告詞)를 작성하여 각국 대표에게 보내는 한편, 언론기관을 통하여 국제여론을 환기시켰다. 그러나 열강의 냉담한 반응으로 회의 참석의 길이 막히자 통분을 이기지 못하고 그곳에서 순국(殉國)했다. 시신은 헤이그의 공동묘지에 묻혔다. 1962년 건국훈장 대한민국장이 추서되었다. 1963년 헤이그에서 유해를 옮겨와 국민장으로 서울특별시 수유리에 안장했으며, 1964년 장충단공원에 동상이 세워졌다.

　이상설은 애국동지를 이역에 묻고 나서 다음의 시를 지어 이준 열사의 충혼을 기렸다.

　　고고한 충골(忠骨)은 하늘을 푸르게 갈아내는데

　　큰 화(禍)가 거연(居然)히 눈앞에 떨어져

　　나랏일은 아직 이루지 못하고 그대 먼저 죽으니

　　이 사람 혼자 남아 흐르는 눈물이 배 안을 가득 채우는구나.

　　　　　　　　　　　　　　　　　　－국사편찬위원회 편,『한국독립운동사(1)』

6장

구미를 순방하며 활동을 펼침

1. 루즈벨트와의 면담 실패

　결국 이상설은 헤이그 만국평화회의에서 일제와 열강들의 온갖 권모술수로 대한제국 특사단의 맡은 바 소임을 다하지 못하게 되었다. 1907년 7월 19일 이상설은 이위종, 윤병구, 송헌주 등과 함께 네덜란드를 떠나 영국에서 3일간 머문 다음 8월 1일 미국 뉴욕에 도착하였다.

▼ 1907년 이른바 '헤이그특사'의 주역들인 이상설, 이위종 선생이 당시 시어도어
　루스벨트 대통령을 만날 목적으로 미국에 입국했다는 공식 기록

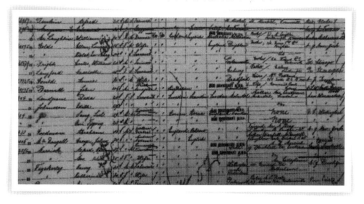

이상설과 이위종 이들 대한제국의 특사들에게는 또 다른 임무가 주어졌다. 만국평화회의에서 성과가 없을 경우 구미 열강을 차례로 순방하면서 그들에게 '한국이 일제로부터 침략을 받고 있는 사실과 을사늑약의 강요, 고종황제가 이 조약을 재가하지 않았다는 사실을 알리고, 열강의 지원과 한국은 자주독립을 위해 끝까지 투쟁을 멈추지 않을 것임을 설명'하라는 사명이 주어진 것이다.

이상설 일행들은 미국으로 출발하기 전 영국에서 다음과 같은 내용의 기자회견을 통해 자신들의 미국 방문에 얽힌 사명을 밝혔다.

> 오제의 사절직무가 실패에 귀하얏다고 언하지 못할 것이 오제의 대한 직무를 상금 협의 중인대 시말결말이고 아 황제폐하께서 오제를 파견하실 시에 헤아회의에만 참예하라심이 아니라 구미 각국에 편왕하야 한국이 현금 일본 압박을 수한 정형과 독립권을 결코 불사할 사와 일본의 보호를 불수할 사를 일일이 설명하라신 명령을 봉하고 (…) 지금 오제가 미국에 선왕하야 일본이 한국에서 늑봉한 1905년 11월 신조약은 황상의 승낙이 호무함을 설명할 터인고로 화성돈으로 즉행하야 대통령과 회견한 후에 각 도회를 일일 방문하고 미국으로 왕하야 거사할 시에는 일반관민이 합력단체 할 터이라(〈헤아의 한국사절단의 연설〉, 《대한매일신보》1907년 8월 27일자).

이상설과 그 일행들은 8월 1일부터 9월 초와 1908년 2월부터 1909년

4월까지 두 차례 미국 뉴욕에 머물면서 일제의 만행과 대한제국의 독립, 그리고 미국의 지원을 끈질기게 호소하였다. 이상설과 함께 동행한 헐버트는 미국 언론인들을 상대로 인터뷰를 하기도 하였다. 헐버트는 "을사늑약이 기만적으로 체결되었으며 일본이 한국인들의 자유와 재산을 강탈했다고, 미국인들의 관심을 촉구"하는 등 강력하게 호소하였다.

한편, 이상설은 고종황제가 몰래 내린 친서를 전달하고자 워싱턴을 방문했으나 시어도어 루즈벨트는 면담을 허락하지 않았다. 또한 이상설은 미국은 1882년(고종 19) 대한제국과 국교수립과 통상을 목적으로 '조미수호통상조약'을 통해 "어느 일방이 제3국으로부터 침략을 받게 될 경우 공동대처한다"는 점을 강조하며 미국에 일제의 조선 침략 사실을 알리고 그들의 지원을 얻고자 했다. 하지만 시어도어 루즈벨트는 가쓰라-태프트 밀약을 추인하는 등 이미 일제의 앞잡이 노릇을 하고 있던 차에 이상설의 면담 요청을 거절한 것이다.

미국 정부의 대한제국 특사단에 대한 반응은 냉랭했으나 반면에 미국 언론들은 한국특사들의 활동을 상세히 보도하였다. 일부 언론들은 이상설과 이위종을 '조선의 왕자'라고 표기하기까지 하였다.

8월 1일 이상설과 이위종이 뉴욕에 도착하여 브로드웨이 센트럴 호텔의 열람실에서 조선에 대한 학대, 자신의 희망, 장래의 포부 등에 관한 견해를 발표했을 때에도, 그다음 날 《뉴욕타임스》는 '한국 왕자, 사형 선고에 대해 당지에서 말하다-이상설과 이위종, 모국에 대한 학대를 시정하기 위해 우리나라에 협조 요청: 생명은 몰수되었다고 말하다. 일본은 그들의 암살을 노린다고 황제의 친족이 말하다-루즈벨트와 회견을 시도할 예정'이란 제목으로 보도하였다.

이 신문은 서두에서 "자신의 나라를 일본의 지배로부터 해방시키기 위해 미국의 개입을 요구하며 전 총리대신 이상설과 위종 왕자가 화이트 스타로 어제 당지에 도착하였다"고 그들의 미국행 목적을 설명한 뒤, 일본에 의해 사형선고를 받은 이위종이 "이 나라로 온 인간은 죽은 자나 다름없다. 나는 그것을 알고 있는데, 습격이 지금 이뤄질지 나중에 이뤄질지는 문제가 아니다. 이것을 피할 수 없다"고 밝혔다고 전하였다.

2. 조선의 영세중립화 주장

이상설과 이위종은 여기서 멈추지 않았다. 그들은 미국 언론인과 각계 지도자들을 만나 일제의 조선 침략의 잔학성과 을사늑약의 불법성을 거듭 폭로하였다. 또한 1882년에 체결한 조미수호통상조약에 따라 미국이 조선의 독립을 지원해야 한다고 역설하고, "또한 극동의 영구평화를 위한 한국의 영세중립을 주장하였다"고 국내신문이 보도하였다.

영세중립국이란, 조약에 의하여 영구중립을 약속하고 또한 중립이 보장된 국가를 말한다. 영구중립국이라고도 한다. 자위의 경우를 제외하고는 영구히 전쟁에 참가하지 않고 중립을 지키며, 또 전쟁에 개입하게 될 우려가 있는 동맹조약 같은 것도 체결하지 않을 의무를 지는 동시에, 그 독립과 영사보전 및 영구중립적 지위의 침범에 대하여는 조약상의 다른 나라에 의하여 보장을 받고 있는 국가를 말한다. 이러한 영구중립을 조약상으로 보장하는 국가는 보통은 강대국이다. 이러한 조약상의 보장이 없으면 이른바 영구중립이 현실적으로 보장되지 않는다.

그러나 영구중립을 희망하는 국가가 일방적으로 영구중립을 선언하고, 타국이 이것을 승인함으로써 개별적으로 성립된 2개국 간의 합의가 다수 집적되어 조약체결과 동일한 효과를 나타내는 수도 있다(오스트리아의 경우). 이 영구중립제도는 그 국가의 안전과 독립을 위해서뿐만 아니라 이것을 완충지대로 하여 평화를 유지하기 위한 목적으로도 인정되는 것이다.

그러나 세력균형이 국제관계의 기초를 이루고 있었던 시대에는 이 제도의 존재의의가 컸다. 하지만 오늘날처럼 국제사회가 대단히 긴밀화하여 전쟁이 각국의 이해관계에 커다란 영향을 미치는 동시에 결국에는 세계적으로 확대하게 되고, 또한 항공전이나 원자력전의 출현 등

▼ 헤이그특사, 이준, 이상설, 이위종

전쟁기술이 극도로 발달하고 그 영향이 여러 국가에 미치는 현대에 있어서는 이 제도의 존재의의도 다소 감소되고 있다.

과거에 있어서 영세중립국의 중요한 실례로는 벨기에와 룩셈부르크가 있고, 현존하는 영세중립국으로는 스위스 · 오스트리아 · 라오스의 3개국이다. 스위스는 1815년 이래 항상 중립을 유지하려고 대단히 노력하고 있다. 중립성 훼손에 대한 우려로 국제연맹에는 조건부 가입, 국제연합에는 50년이 넘도록 가입하지 않고 있다가 2002년 국민투표를 통해서 비로소 국제연합의 회원국이 되었다. 그러나 유럽연합(EU) 가입에 대해서는 아직까지 영세중립국으로서의 주권상실로 보고 가입을 하지 않고 있다.

오스트리아는 1955년 10월 26일에 국내법적으로 영세중립이 일방적으로 선언되고, 이에 대하여 열국이 부여한 개별적 승인의 집적으로 영세중립이 성립되었다. 이러한 형식으로 영세중립이 성립된 것은 오스트리아가 역사상 처음이다. 오스트리아는 스위스와는 달리 국제연합에 가입하고 있다. 영세중립국이 국제연합 회원국의 의무와 양립하지 않는다는 샌프란시스코회의 당시의 해석이 그 후에 변경되어 국제연합 헌장에 있어서 중립이 재평가됨으로써 오스트리아의 국제연합 가입은 가능하였다. 라오스는 1962년 제네바회의에서 영세중립국임이 선언되고, 미국, 영국, 러시아, 프랑스, 중국 등을 포함하는 13개국이 라오스의 중립에 관한 선언에 서명함으로써 성립되었다. 라오스는 국제연합에 가입한 후 영세중립국이 되었다.

이상설은 특유의 국제정세에 대한 감각으로 "일본의 팽창정책이 한국에 대한 침략에 그치는 것이 아니고 그 목표는 태평양에서 필리핀까지 끝없이 넘겨다 볼 뿐만 아니라, 인도마저 해칠 것"이라고 경고하였고, 미국 언론들은 앞 다투어 이 사실을 보도하였다.

사실상 대한제국 특사단의 대변인 역할을 했던 이위종 역시, 1907년 9월 5일 헤이그에서 이준의 장례를 마치고 각국의 순방길에 오르면서 기자들에게 "대한제국이 북유럽 국가들처럼 영세중립국가가 되기를 바란다"는 인터뷰를 진행하기도 하였다.

한국이 네덜란드나 스위스 같이 중립국이 되어 일본의 압제와 같은 억울한 고통 및 착취를 받지 않는 것이다. 그의 일은 이제 시작되었다. 그것은 영광스럽게 생각하는 일이며 죽기까지 한국의 독립을 위해 일할 것이다. 한국의 독립은 유럽인이 생각하듯이 꿈이 아니다(윤병석, 『이상설전』(증보)).

미국에서 이상설과 이위종은 쓰러져 가는 대한제국의 국권회복을 위해 제국주의화된 열강들의 거대한 장벽 앞에 섰다. 하지만 사실상 이는 성공하기 힘든 상황이었다. 이에 대해서 크로렌스 위임스는 『헐버트 전기』에서 "당시 광무황제와 헐버트 박사, 이상설, 이준, 이위종은 멸망하는 국가를 위하여 모두 최선의 노력을 바쳤고 더 말할 여지도 없이 홀

륭한 솜씨로 수행하였다"라고 평가하며 대한제국의 특사단의 노력을 크게 평가하기도 했다.

한 연구가는 이상설의 헤이그 외교활동 이후의 활동을 6가지로 정리했다. 1. 미국에서 애국동지대표자대회 참석, 2. 국민회 조직과 한흥동 건설, 3. 13도의군 편성과 성명회 선언, 4. 권업회 조직 및 권업신문 발간, 5. 대한광복군 정부 수립, 6. 신한혁명당 창당 등이 그것이다. 여기서는 1, 2의 요지를 소개한다.

1. 먼저 애국동지대표자대회 참석이다. 이상설은 이위종과 함께 1908년 2월 영국을 떠나 미국으로 갔다. 이듬해 4월까지 머물며 그는 미국 조야에 한국독립지원에 관한 호소를 계속하면서 각지의 한국 교포를 결속시키고, 조국독립운동의 계기를 만들고자 하였다. 이상설은 그해 8월 11일~15일 사이 콜로라도 주 덴버 시에서 개최된 애국동지대표회의 막후 역할을 한 것으로 알려진다. 이때 그는 이승만과 함께 연해주의 한인대표로 참석하였다.

2. 다음으로 국민회 조직과 한흥동 건설이다. 1909년 2월 1일 미국에서는 국민회가 조직되었다. 미국 본토의 공립협회와 하와이의 합성협회가 합쳐진 것이다. 총회장은 정재관이었다. 4월에 이상설은 정재관, 최정익, 송중호 등과 함께 연해주로 출발하였다. 이후 블라디보스토크로 간 그는 이승희, 김학만, 정순만 등의 동지를 규합하여 러시아령 국경지방 홍개호 남쪽 북만주 밀산부에 한흥동을

건설하기 시작했다. 학교(한민학교)도 세우고 민족교육을 실시하였다. 이상설은 한흥동과 블라디보스토크를 왕래하며 자금을 모았다. 이 시기에 이상설을 만난 안중근은 그를 가장 존숭하였으며, 일본 측 자료에는 안 의사가 이토 히로부미를 총살하도록 지령했다는 기록도 있다(이민원, 「광무황제와 헤이그특사」, 『헤이그특사와 한국독립운동』).

1909년 2월 이상설은 이번에는 하와이로 건너가 재미 한인의 독립운동 기구로 국민회를 조직하였다. 호놀룰루에 마련된 이 자리에는 1,000여 명의 동포가 모였는데 그들은 국민회를 창립함과 동시에 조국광복운동에 헌신하겠다는 맹세를 하기도 하였다. 실제로 국민회는 이후 재외 한민족의 중요한 독립운동 단체가 되었다. 그리고 이상설이 연해주에서 항일운동을 전개할 때 독립자금을 보내주었다.

이상설은 하와이에서 국민회 조직을 성공적으로 마치게 되었다. 이상설은 "총회장으로 선출된 정재관을 대동하고 미국 본토와 하와이 지방총회의 공동결의로 극동에서 독립운동사업을 추진하라는 중책을 맡고 미국을 떠나게 되었다." 이때 이상설이 갖고 간 위임장은 다음과 같다.

〈위임장〉

우는 아령 원동 각처에 주재한 우리 동포를 규합하야 단체를 고결하며 본회의 종지를 창영하야 목적을 관철케 함이 현시의 극부인 바 본회원 리당(이상설의 별명)은 덕망이 고등하고 경륜이 탁월하야 나라를 근심하고 동포를 사랑하는 열심과 성력이 가히 우리회의 표준을 지을지라 그럼으로 원동방면의 일대 회무를 전권 행사케 하기 위하여 본회 대표원을 추천하노니 왕자 욱자하야 중망을 극부할지어다.

국민회북미디방총회당 최정익, 국민회포와다방총회당 명원명(《신한민보》, 1909년 6월 2일자)

3. 광무황제의 퇴위 강요

　이상설이 구미 열강을 순방하며 국권회복을 위한 힘겨운 외교활동을 벌이고 있을 때였다. 해외에서의 국권회복운동과는 별개로 당시 조선 국내에서는 일제가 '헤이그밀사 파견'을 빌미로 고종황제를 퇴위시키려는 음모가 암암리에 진행되고 있었다.

　일제는 고종황제에게 퇴위를 강요하며, 고종황제가 헤이그에 특사단을 파견하여 외교활동을 지시한 것이 을사조약 위반이라는 이유를 들었다. 일본 외무성으로부터 헤이그의 정보를 입수한 이토 히로부미는 즉시로 수상 이완용에게 "이 책임은 전적으로 폐하 한 사람에게 귀속되는 일임을 선언하며 더불어 그 행위는 일본에 대해 공공연히 적의를 나타내는 것으로 협약 위반에서 벗어날 수 없고, 때문에 일본은 한국에 대해 선전포고 할 권리가 있다"고 공갈하며 황제의 퇴위를 강요하였다.

　고종 양위 사건(高宗讓位事件)은 1907년 7월 20일 고종이 헤이그밀사 사건의 책임을 추궁하는 일본의 강압에 못 이겨 제위를 순종에게 위임했다가 바로 양위한 사건이다.

고종이 헤이그 회의에 이상설과 이준 등을 보내 밀서를 전달하려 한 사실을 접한 일본이 이토 히로부미에게 책임을 추궁했고, 이토 히로부미는 고종에게 책임질 것을 요구했다. 당시 내각 총리대신 이완용은 고종이 책임지고 퇴진하는 것으로 사태를 종결하려 했으나, 사태는 걷잡을 수 없이 커졌다.

이토 히로부미는 총리대신 이완용을 통감 관저로 불러 어디서 입수했는지 고종의 밀사를 통해 러시아 황제에게 보낸 호소 친서의 초고라는 것을 증거로 제시하면서 이완용을 추궁했다. 이완용은 한때 친러시아파 인물이라 의심받고 있었다. 이토 히로부미는 이완용에게 "이 같은 행위는 보호조약을 위반한 것이며 일본에 대한 적대적 행위이다. 그러므로 일본은 한국에 대해 선전포고를 할 충분한 이유가 있다"고 협박했다.

고종황제는 일본정부와 이토 히로부미가 헤이그밀사 사건의 책임을 물어오자 이완용은 고종의 퇴진이 왕실과 국민들을 지키는 것이라고 판단하게 된다. 이토 히로부미의 추궁에 대해 이완용은 우선 이번 사건은 내각에서 전혀 관여하지 않았다고 극구 변명하며 선처를 빌었다. 이에 대해 이토 히로부미는 "나 역시 이 사건에 책임을 지고 본국 정부의 조치를 기다리는 몸이다. 그런데 어떻게 남을 용서할 수 있겠는가"라고 냉정하게 대답했다. 이완용은 이토 히로부미 앞에서 몸 둘 바를 모르고 전전긍긍하다가 거듭 사죄하고 물러 나왔다.

이토 히로부미는 이어 7월 3일 오후 일본 해군 연습함대의 장교들을 데리고 고종을 알현한 자리에서도 문제의 친서라는 것을 고종에게 보이며 책임을 추궁했다. 이토 히로부미는 "이와 같은 음흉한 방법으로 일본의 보호권을 거부하려는 것은 차라리 일본에 대해 당당하게 선전포고하는 것만 못하다. 모든 책임은 전적으로 황제가 져야 하며 이런 행동은 일본에 대해 적대적 의도가 있다는 것을 공공연히 드러낸 것으로 협약을 위반한 것이다. 따라서 일본은 한국에 선전을 포고할 수 있는 권리를 보유하고 있다는 사실을 총리대신에게 통고했다"라고 으름장을 놓았다.

이 사건으로 이토 히로부미가 일시 궁지에 몰린 것은 사실이다. 일본 신문들이 이 사건을 대대적으로 보도하면서 은근히 한국정부에 대한 감독을 소홀히 한 이토 히로부미의 책임을 거론했기 때문이다. 그러나 이토 히로부미와 일본은 이 사건을 오히려 한국 정부의 주권을 말살하기 위한 호기로 역이용하기로 작정하고 우선 총리대신 이완용을 불러 선전포고 운운의 협박을 한 것이다.

이미 조선이라는 나라를 배신하고 일제의 주구 노릇을 하던 이완용 내각은 고종의 퇴위에 앞장섰다. 농산공부대신 송병준은 "이번 일의 책임은 폐하의 한 몸에 있으니 친히 도쿄로 가서 그 죄를 빌든지, 그렇지 않으면 하세가와 요시미치 주둔군 사령관을 대한문 앞으로 맞이해서 면박의 예를 취해야 한다. 이 양자 모두 인내할 수 없다면 결연히 일본과 싸울 수밖에 없다. 그러나 단 한 번이라도 지게 되면 국가의 존망은 짐작할 수밖에 없다"라며 수시로 고종황제를 겁박하였다.

이토 히로부미는 이완용 내각의 매국노들을 이용하여 헤이그특사 사건을 꼬투리 잡아 그동안 결코 호락호락하지 않았던 고종황제를 퇴위시키고자 온갖 권모술수와 위협을 멈추지 않았다. 이토 히로부미는 각급 정보를 통해 고종황제가 헤이그에 밀사를 파견하는 것을 알고 있었다고 한다. 한국병탄에 장애가 되는 그를 퇴위시키는 빌미를 삼고자 이를 방치하고, 마침내 사건 후 그물망을 조여 퇴위를 강행했다는 것이다.

당시 고종의 강제 양위를 지켜봤던 영국의 언론인 멕켄지는 다음과 같이 기술했다.

황제의 이런 행위는 일본 측에 대해서 그들이 오랫동안 계속 모색해 온 안성맞춤의 구실을 주게 되었다. 한국의 내각 기구는 이러한 위기를 의식하여 이미 수개월 이전에 개편되었고, 각료는 황제에 의해서 임명되지 않고 통감이 임명하도록 되어 있었다. 즉 황제는 행정상의 집행권을 박탈당하고 있었다.

이토 공은 한국의 각료가 한낱 그의 도구에 지나지 않게 만들었다. 이제야말로 그 도구까지도 끊어 버려야 될 시기가 온 것이다. 일본 정부는 조용한 격노의 자세를 취했다. 그들은 그런 무례함을 묵인한 채 내버려 둘 수는 없었다. 그러나 어떠한 징계를 할 것인가는 밝힐 수 없다는 식으로 말했다. 1905년 11월 당시보다도 이번에는 훨씬 더 교묘하게 그 처치의 무대 구성이 이루어져 갔다.

일본 측은 명목상으로는 황제의 양위에 대해서 아무런 간섭도 할 수는 없었다. 그러나 실제로는 한국의 각료들은 통감 밑에 모여서 회의를 열어 그들의 정책을 결정하고, 지시받은 대로 실행했다. 그들은 황제에게 가서 일본에 병탄되는 것으로부터 한국을 구하기 위해서는 황제가 그 왕관을 단념해야 된다고 요구했다. 처음에는 황제가 이를 거절했으나 그에 대해서 각료들의 강요는 더욱더 강화되었다.

외국으로부터의 동정이나 원조의 소식은 황제에게 전혀 전해지지 않았다. 그를 둘러싼 위난을 깨달은 황제는 간단한 양위의 유언으로 각료들을 설득시키려고 했다. 즉 황제는 자기의 아들인 황태자를 임시적인 황제로 만들려고 했다(F.A.멕켄지, 『조선의 비극』).

일각에서는 이토 히로부미 통감이 한국대표들의 헤이그 파견을 처음부터 완전히 알고 있었으며, 그가(한국 황제) 스스로 자신을 옭아맬 만큼 충분한 밧줄을 던져준다는 방침에 입각해서 그들이 출발하도록 내버려두었다는 설이 제기되어 왔다. 만약 이것이 정말로 진상이라면, 통감은 자신의 정보를 남에게 전혀 알려주지 않았다.

왜냐하면 이 나라(일본)에서 대표단에 대한 첫 소식을 접했을 때 참으로 매우 신경과민적인 감정이 나타났다가 유럽언론이 일본에 우호적인 태도를 취하였다는 보고들이 도쿄에 전해졌을 때 크게 안도의 숨을 내쉬었던 것이 확실했기 때문이다.

일본 외무차관은 본인에게 일본 정부가 동일한 성격을 지닌 사절단의 출발을 알고 있었으며, 또 황제가 자금을 제공했다는 증거도 갖고 있었다는 사실을 알려주었다. 그러나 이 사절단이 헤이그에 모습을 나타내자 그들은 엄청난 경악을 금치 못하였다(『한영외교사관계자료집』).

고종황제의 양위를 주장한 것은 이토 히로부미뿐만이 아니었다. 대한제국의 매국대신들 그리고 조정의 원로대신들까지 가세하여 고종의 퇴위를 압박했다. 결국 그들의 겁박에 견디지 못한 고종황제는 1907년 7월 19일 황태자에게 '국사를 대리'시킨다는 조칙을 반포하기에 이르렀다. 비록 황태자에게 '국사를 대리'시킨다는 내용의 조칙이기는 했지만 실제로는 고종황제의 퇴위나 마찬가지였다. 일제는 이를 고종황제의 '양위'로 인정하고 각국에 지체 없이 이를 통고했다.

아, 짐이 열성조의 위대한 터를 이어받아 지키기를 오늘까지 40하고도 4년이 된다. 여러 번 많은 재난을 당하고 이를 뜻대로 거둘 수가 없었다. 관의 인재등용에 사람을 얻지 못했기 때문이리라. 소란은 날로 극심하고 그 대처도 시기에 적절치 못한 적이 많았으며 곤란은 급속히 다가와 국민들의 고난과 국정의 위기가 오늘보다 극심했던 적은 일찍이 없었다.
우리는 두려움에 떨며 마치 살얼음을 밟는 느낌이었다. 왕의 지위에 있었던 점도 지금은 그 자세 근무에 진저리나고 지쳤으므로 역대 선조의 예절과 가르침에 따라 여기에 양위하여 재흥을 도모하기로 하였다. 짐은 지금 여기에 군국대사를 황태자로 하여금 대리하도록 명한 것이다 (F.A.멕켄지, 『조선의 비극』).

4. 사형선고를 받다

마침내 일제의 겁박에 시달리던 고종황제는 퇴위하고 말았다. 고종의 퇴위와 함께 황태자를 즉위(순종)시킨 일제는 국내의 매국노들을 십분 활용하며 대한제국의 목숨 줄을 차근차근 조여 갔다. 고종황제가 퇴위하자 대한제국의 백성들이 이를 두고만 보지 않았다. 서울 시민 2,000여명이 양위에 반대하여 시위에 나서고 민중들이 이완용을 비롯하여 친일파들의 집에 불을 지르는 등 격렬히 저항하자 일제는 군인과 헌병을 동원하여 이들을 진압했다.

일제는 7월 24일 한일신협약(정미7조약)을 강제하고 신문지법을 제정하여 신문발행 허가제와 신문기사의 사전검열을 제도화한데 이어, 7월 27일 의병활동을 탄압하고자 보안법을 제정하여 집회 결사제한, 무기소지를 금지시켰다. 그리고 7월 31일에는 대한제국의 마지막 버팀목이었던 군대를 해산하기에 이르렀다.

일제의 계략이 점점 노골화되자 전국 각지에서 의병이 봉기하여 고종의 퇴위를 반대함과 아울러 이토 히로부미와 매국노 척살운동이 전개되었다. 깜짝 놀란 일제는 모조리 죽이고, 모조리 불태우고, 모조리 약탈하는 이른바 '삼광작전'을 대대적으로 진행시켰다. 그들은 가장 잔혹한 방법으로 대한제국의 백성들을 학살하였다.

한편, 이토 히로부미는 1908년 8월 통감부에 이상설, 이위종, 이준 세 사람의 헤이그특사에 대한 궐석재판을 열도록 하였다. 일제는 이 재판에서 이상설에게는 교살, 이위종에게는 종신형을 선고하게 하였다. 일제로부터 교살형을 선고받은 이상설은 다시는 고국에 돌아오지 못하고 만리타국을 떠돌며 국권회복 투쟁에 여생을 바쳐야 했다.

매천 황현은 이상설이 1907년 고종의 특명으로 이준, 이위종과 함께 네덜란드 헤이그에서 열리는 제2회 만국평화회의에 갔으나 일본과 영국 대표 등 열강들의 방해로 회의장에 들어가지 못한 사실을 신문보도로 알게 되었다.

이상설이 일제의 압력으로 대한제국 정부에서 궐석재판으로 사형이 선고된 사실을 듣고 매천은 〈첨사 이상설〉이란 시를 지어 그의 업적을 기렸다.

뛰어난 자제 한 개의 깃털로

빛나고 빛나도다 모두의 문장이여

목을 끌며 봉황의 아홉 색깔 나오고

넓고 밝아 천하가 태평할 조짐이네

순임금의 문장이 이미 아득해져

내 마음을 슬프고 쓰리게 하였네

갑자기 천 길로 날아가고

평범한 새와 함께 날아갔네

소년이 이 작은 이가를 추천했고

제주의 예봉은 도끼 갈아 칼 만들었네

세 발 솥도 이때를 당하여 힘썼으니

암연히 나라의 영광을 보았네

재능을 숨기고 어려움을 살펴 말했고

또한 일찍이 옥당으로 갔었네

사람이 없더니만 나의 근심 풀렸고

흘러 박혀 세상으로 나아갔도다

만사가 크게 오류가 있었지만

강물이 터지고 냇가에 다리가 없었네

나라가 위태로운데 누가 부끄러울 것인가

임금님 욕되게 한 것을 어찌 잊으리오

월다의 준마는 발굽 먼지로 끊어졌고

마부를 잃어버리고 중도에 없어졌네

큰 길 거리 모두 다 놀라 피하며

한 칼날에 가을의 찬서리 날리네

남한(5대 10국의 하나) 정 대부가 있고

오랜 세월 답답하게 서로를 바라보노라

어느 시대인들 임금과 신하가 없을 것인가

어느 나라인들 흥망이 없을 것인가

어렵게 역사가로 하여금 읽게 하고

손뼉치며 치아와 뺨이 향기로워지네

-김영봉 역주. 『역주 황매천 시집』(속집)

7장
연해주에서 활동을 시작하다

1. 블라디보스토크에 둥지를 틀다

1909년 7월 14일 미주에서 대한제국의 국권회복을 위한 치열한 외교 활동을 펼친 이상설은 연해주의 행정수도 블라디보스토크에 도착하였다. 블라디보스토크는 동해의 아무르 만과 우수리 만 사이로 뻗어 있는 반도 서쪽에, 졸로토이 만을 감싸듯이 자리 잡고 있다. 1860년 러시아 군사기지로 세워져 블라디보스토크('동방을 다스린다'는 뜻)라고 명명되었다.

러시아의 극동지방 남쪽 끝에 자리 잡고 있기 때문에 자연스럽게 항구와 해군기지로서 중요한 역할을 맡게 되었다. 1872년 러시아의 태평양 해군기지가 이전한 후 급속도로 발전하기 시작했고, 1880년에 시가 되었다.

만주를 가로질러 치타에 중동철도(中東鐵道: 중국 동부 철도, 1903년 완공)가 건설되어 러시아 제국의 나머지 지역과 철도로 직접 연결되자 중요성이 더욱 커졌다. 제1차 세계대전 때에는 미국에서 보낸 군수품과 철도장비를 들여오는 태평양의 주요항구였다. 1917년 혁명이 일어나자 여러 혁명집단의 활동 근거지가 되기도 했으나 1918년에 외국(주로 일본) 군대에게 점령당했다. 미국·영국·프랑스·이탈리아·체코슬로바키아 군대는 1920년에 이 도시를 떠났으나 일본은 1922년 10월 25일에 마지막 부대가 철수했다. 외국 군대가 떠난 뒤 블라디보스토크의 반혁명세력은 바로 무너졌고, 소비에트 권력이 확립되었다.

블라디보스토크는 항구로서 가장 중요한 기능을 하고 있다. 여객선과 화물선은 대개 러시아 극동지역의 다른 항구를 이용한다. 블라디보스토크 항은 무르만스크에서 러시아 북극 해안을 따라 뻗어 있는 북해항로의 동쪽 종점이며, 첼류스킨 곶 동쪽에 있는 북극해 연안 항구에 물자를 공급하는 중요한 보급기지이다.

1950년대 초 외국 선박의 블라디보스토크 출입이 금지되어, 오늘날 국제 해상무역은 대부분 블라디보스토크 동쪽의 나홋카를 통해 이루어지고 있다. 주요 수출품은 석유·석탄·곡물이며 석유제품과 생선이 주요 수입품이다. 극동지역의 다른 항구에서 잡거나 가공한 생선도 블라디보스토크를 경유해서 다른 지역으로 수송된다. 러시아 북극 포경선단의 기지이기도 하다.

블라디보스토크의 공업기반은 공산혁명이 일어난 뒤 매우 다양해졌다. 대규모 선박수리소 이외에 철도 공작창과 광산장비를 만드는 공장이 있다. 경공업으로는 기계·라디오 공장, 목재 가공공장(특히 가구와 합판공장), 도자기 공장, 의약품 공장 등의 경공업이 이루어지고 있다. 생선, 육류 가공, 제분을 중심으로 식료품 산업과 조립식 건축자재 생산도 큰 비중을 차지한다.

철도도시로서 시베리아 횡단철도의 동쪽 종점이며 국내선 전용공항도 있다. 러시아 연방 극동지역의 교육·문화 중심지로서 극동과학 센터와 극동공립대학교(1920)·의과대학·예술대학·공과대학·상과대학·선박공학대학을 비롯한 고등교육기관들이 있다. 문화시설로는 음악협회와 교향악단 및 극단, 지방 역사박물관과 태평양함대 역사박물관 및 수많은 도서관이 있다.

이상설은 국민회의 결의로서 연해주 지역의 회무를 총괄하는 사명을 띠고 이곳 블라디보스토크에 도착하였다.

국권피탈을 전후하여 블라디보스토크가 독립운동의 해외기지의 첫손가락으로 꼽히는 이유를 1912년 현지에서 한인이 발행한 《권업신문》은 4가지를 들었다.

미국, 중국, 일본의 한인 동포 사회에 비해 인구수가 가장 많고, 재러시아 한인들의 경제적 형편이 다소나마 윤택하며, 러시아 정부의 대한인 정책이 우호적이고, 반일운동의 전개를 위한 언론, 집회의 자유가 보장되어 있다는 것이다. 그래서 "큰 뜻을 품고 개연히 고국을 이별하는 지사들은 모두 아령(俄領)에 집중하여 장래를 경영"하고 있다는 것이다 (《권업신문》, 1912년 12월 19일자).

블라디보스토크에 처음으로 한인 거주지가 형성된 것은 1893년이었다. 블라디보스토크가 러시아령 한인의 정치 활동의 중심이 될 수 있었던 또 하나의 이유는 이곳이 한국 국내는 물론이고 러시아령 연해주 각처에 형성된 한인 사회와 손쉽게 연락을 맺을 수 있는 통신, 교통상의 요충지였다는 점이다.

2. 신흥촌 건설

　이상설은 국권회복운동의 해외 근거지로 연해주 지역을 선택하고는 미주 교포들의 소명을 받고 이곳 블라디보스토크에 도착했다. 당시 해외 독립운동 현황은 1908년 9월 수청 지방에 공립협회의 지방회가 설립된 데 이어 1909년 1월에는 해삼위에도 지회가 설립된 상태였다. 공립협회와 국민회가 통합하여 조직이 확대되면서 미주 한인 사회가 이상설과 정재관을 특파하여 이를 더욱 강화시키도록 조처한 것이다.

　이상설은 구미 열강을 순방하는 동안 연해주 한인 사회의 지도자들과 긴밀히 연락을 취해 조직의 활성화와 국권회복운동의 방략 등을 논의하였다. 연해주 한인 사회는 이상설이 블라디보스토크에 도착했을 때 그를 대대적으로 환영하며 성대한 환영식을 베풀었다.

　당시 연해주에는 1906년부터 최재형, 이범윤을 중심으로 의병 세력이 형성되어 활동 중이었다. 또한 의암 유인석이 다수의 제자들과 함께 이곳 연해주에서 의병전쟁을 벌이고 있었다. 최재형은 일찍부터 연해주에 터를 잡아 1880년대 러시아에 귀화한 뒤 자산가로 성장하여 한인 사회를 이끌고 있었다. 한편 이범윤은 1902년 간도관리사로 있다가 나라가 기울자 독립운동에 투신한 인물이다.

유인석은 본관은 고흥(高興), 자는 여성(汝聖), 호는 의암(毅菴), 강원도 춘천 출신, 아버지는 유중곤(柳重坤)으로 14세 때 족숙인 유중선(柳重善)에게 입양되었다. 비교적 건실한 양가(養家)의 문벌을 배경으로 성장하였고, 이를 계기로 위정척사사상의 원류인 이항로(李恒老)의 문하에 들어가게 되었다. 이항로의 문하에서 주로 김평묵(金平默)과 유중교(柳重教)로부터 춘추대의정신(春秋大義精神)에 입각한 존화양이사상(尊華壤夷思想)을 철저히 익혔다.

1865년 만동묘철폐(萬東廟撤廢)와 1868년 병인양요로 대내외적 위기의식이 고조될 무렵에 이미 사상의 기본적인 틀을 형성하였다. 1876년 강화도조약 체결 때에는 이러한 존화양이사상을 기반으로 홍재구(洪在龜) 등 강원도 · 경기도 유생 46인과 함께 척양소(斥洋疏)를 올려 개항 반대운동을 전개하였다.

그 뒤 1891년에 김평묵이, 1893년에는 유중교가 죽자, 이항로-김평묵-유중교로 이어지는 화서학파의 정통도맥(正統道脈)을 승계하여 학파를 대표할 수 있는 인물로 부상하였다. 그리고 제천의 장담(長潭)에서 강학하던 유중교의 기반을 계승하기 위해 1895년 6월에는 그곳으로 옮겨 활동하였다.

그곳에서 을미사변과 단발령을 계기로 이필희(李弼熙) · 서상렬(徐相

烈)· 이춘영(李春永)· 안승우(安承禹) 등의 문인사우들과 함께 '복수보형
(復讐保形: 抗日守舊)'의 기치를 들고 1895년 12월 24일(음력) 의병항전을
개시하였다.

유인석 의병진은 한때 3,000명을 넘었으며, 제천· 충주· 단양· 원주
등지를 중심으로 한 중부지역 일대를 석권하면서 친일적인 관찰사나
군수 등 '토왜(土倭)'들을 처단하여 기세를 크게 떨쳤다. 그러나 선유사
장기렴(張基濂)이 지휘하는 관군의 공격으로 최후의 거점인 제천성을
상실하였다.

세력이 급격히 약화되자 재기 항쟁을 도모하기 위해 황해도· 평안도
로 이동하였다. 그렇지만 양서지역에서의 재기 항쟁도 어려워지자 청
나라의 군사적 원조를 기대하고 압록강을 건너 서간도로 갔다. 그곳에
서 도리어 회인현재(懷仁縣宰) 서본우(徐本愚)에게 무장해제를 당하게 되
어, 같은 해 7월 28일 혼강(渾江)에서 의병을 해산시키고 말았다.

의병해산 후에는 한인(韓人)이 많이 살고 있던 통화현 오도구에 정착
하였다. 1897년 3월 고종의 소명으로 일시 귀국하였으나 곧 이곳으로
재차 망명하였다. 1898년 10월에는 부근의 팔왕동(八王洞)으로 이주하
여 여러 성현의 영정을 봉사(奉祠)하는 성묘(聖廟)를 세우기도 하였다.
한인(韓人) 간의 결속을 다지기 위한 향약을 실시하기도 하였다.

1900년 7월 의화단의 난을 피하여 귀국한 뒤로는 양서지역 각지를 돌
며 존화양이론에 입각한 항일의식을 고취하는 데 주력하여 이진룡(李鎭
龍)· 백삼규(白三圭) 등의 의병장을 배출하였다.

1907년 고종의 퇴위와 정미7조약 체결을 계기로 국내활동을 더 이상 지속할 수 없다고 판단, 연해주 망명을 결심하였다. 1908년 7월, 망명길에 올라 블라디보스토크로 갔다. 이곳에서 이상설(李相卨)·이범윤(李範允) 등과 함께 분산된 항일세력을 하나로 통합하고자 꾸준히 노력하였다.

그 결과 1910년 6월 연해주 의병세력의 통합체인 13도의군(十三道義軍)의 결성을 보게 되었으며, 이상설·이범윤·이남기(李南基) 등에 의하여 도총재(都總裁)로 추대되었다. 이 직위는 1895년 의병항전을 개시한 이래 집요하게 전개해온 항일투쟁의 공훈에서 비롯된 것으로, 바로 유인석의 항일투쟁의 대단원에 해당한다.

유인석은 이때 〈통고13도대소동포(通告十三道大小同胞)〉라는 포고문을 반포, 전 국민이 일치단결하여 최후의 항일구국전을 벌일 것을 주장하였다. 그러나 13도의군이 본격적인 무력항쟁을 개시하기도 전인 1910년 8월에 '경술국치'로 조국은 멸망하고 말았다.

더욱이 일본이 러시아에 대한 외교적 교섭을 통해 이곳의 항일운동에 일대 탄압을 가하자 13도의군은 와해되고 말았다.

이에 무력항일투쟁을 포기하지 않을 수 없게 되자 "모든 지사(志士)와 사우(士友)들은 국내에 머물지 말고 간도로 건너와 함께 수의(守義)하여야 한다"며 '수화종신(守華終身)' 할 것을 주장하였다.

그 자신도 연해주를 떠나 1914년 3월 서간도의 봉천성 서풍현(奉天省西豊縣)에 정착하는 제3차 망명을 단행하였다. 그리고 얼마 뒤 관전현

방취구(寛甸縣芳翠溝)로 옮겨 그곳에서 죽었다.

이와 같이, 유인석은 일관하여 '위정척사'·'존화양이' 정신에 입각, 철저하게 수구적 자세를 견지하면서 적극 항일하였고, 이항로의 학문을 전승·발전시켰다.

이항로가 개항 이전에 관념적 위정척사론을 펼쳤던 데 비해, 개항 이후에 현실적 위정척사론을 전개시켰기 때문에 의병운동을 주도할 수 있었다. 이러한 정신은 1902년 문인들에 의하여 간행된 〈소의신편(昭義新編)〉에 결집되어 있다.

유인석과 이상설의 만남은 1909년 음력 8월 이상설이 맹령에 거주하는 유인석을 방문함으로써 이루어졌다. 유림을 대표하는 유인석과 고종황제의 특명을 받아 해외에서 국권회복운동을 주도하고 있던 이상설이 연해주에서 상봉했던 것은 상봉 사실만으로도 중요한 의미를 갖는 것이었다. 이후 유인석은 이상설과 밀접한 관계를 유지해 갔다.

그러던 와중에 안중근이 이토 히로부미를 저격하는 의거가 일어났다. 유인석은 안 의사 의서 소식을 접하고는 '만고 최고의 의협'이라고 평가하고 국권회복운동의 새로운 전환점으로 삼고자 했다.

이상설이 블라디보스토크에 도착하여 가장 먼저 착수한 것은 한민회장 김학민과 《해조신문》의 주간 정순만 등 한인사회의 지도급 인사들과 만나 국외 독립운동의 기지를 물색하고, 토지 매입을 위해 기금을 모으고 미주 한인 사회에 지원을 요청하는 일이었다. 이상설은 여러 지역을 답사한 후 봉밀산을 후보지로 골랐다.

이상설은 독립운동기지 건설의 적지로 봉밀산을 선정하였다. 북만주의 밀산부 관내에 있던 봉밀산은 러시아와 중국의 접경지대인 항카흐 부근에 위치해 있으며, 광활한 황무지가 펼쳐져 있던 곳이다. 이주 한인이 그 일대에 흩어져 유거해 있었지만, 근거지가 없고 생활기반이 부족한 관계로 정착생활을 할 수 없는 상태였다(박민영, 「국치 전후 이상설의 연해주지역 독립운동」, 『헤이그특사와 한국독립운동』).

이상설은 해외 독립운동기지로 봉밀산 일대를 선정하고 개척에 나섰다. 봉밀산에 한인 집단 거주지를 개척한 것과 관련 강상원의 『이보재 선생 약사』(초안)의 기록이다.

독립운동기지의 이전 거주의 이전 우수리강 및 흑룡강 양안 남북 일대로 옮길 것을 결정학 중아 양국 정부에 양해와 지원을 얻어 교포들의 이주를 장려하여 일대 독립기지를 형성하여 놓았다. (⋯) 이리하여 항카호 연안의 이유가와 쾌상별 백포자의 일대에 각각 수백 호를 이주시켰으며, 다시 흑룡강과 송화강의 합류되는 양강구 서북쪽 조운현 전역에 단하여 조위까지를 중심으로 수백 호를 정착시켜 개간케 하였으니 조운현 올라까하 저 서북쪽 대흑하와 흑룡강 북안에 있는 러시아령 도시 불라고웨센스크와의 삼각형 정점에 처해 있을 뿐 아니라 남으로 송화강을 건너 만주의 전략도시 양강구를 하고 있어서 지리적 조건이 독립운동의 기지로 적한 곳이다(윤병석, 『국외 한인 사회와 민족운동』).

이상설은 봉밀산 일대를 독립운동기지 건설하는 사업의 중심지로 선정하고는, 성주 출신의 유학자 이승희와 함께 이를 추진하였다. 이상설은 이승희를 찾아가 봉밀산 일대의 독립운동 기지 건설의 방략을 말하고 그와 함께 추진키로 합의했다. 자금은 미국의 교포들이 '태동실업주식회사'를 조직하여 모금한 5,000달러가 큰 몫을 하였다.

이상설은 이 지역을 사들이고 개척을 시작하는 일 등을 이승희와 함께 추진하였다. 이승희는 이를 위해 블라디보스토크에서 700리가 넘는 곳을 그해 여름부터 가을에 걸쳐 면밀히 답사하였다. 이승희는 영남 성주 출신의 선비로서 을미사변 이래 일제의 침략을 규탄하는 상소와 배일운동을 벌여온 인물이다. 이승희는 본관은 성산(星山), 일명 대하(大夏), 자는 계도(啓道), 호는 강재(剛齋)·대계(大溪)·한계(韓溪), 진상(震相)의 아들이다. 20세 전후부터 평생을 위정척사운동에 앞장서 흥선대원군에게 시국대책문을 올려 당시의 정국을 바로잡으려고 하였다.

무분별한 개국(開國)에 대해서는 척사소를 올려 성리학적 전통사회의 질서를 옹호하였다. 1895년 을미사변이 일어나자 곽종석(郭鍾錫) 등 문인과 함께 일제의 만행을 규탄하는 성명서를 각국 공사관에 전달하였다. 그 뒤 1905년 을사조약이 강제 체결되자 을사오적을 참수하고 조약을 파기하라는 상소를 올려 대구감옥소에 투옥되기도 하였다.

1907년 헤이그에서 만국평화회의가 열리자 일제의 침략을 폭로하는 서한을 보내고 항일운동을 전개하였다. 1908년 러시아령 블라디보스토크로 망명하여 유인석(柳麟錫)·이상설(李相卨)·김학만(金學滿)·장지연(張志淵) 등을 만나 국외독립운동을 전개하였다.

1909년 이상설 등과 함께 소만국경에 있는 길림성(吉林省) 봉밀산(蜂密山) 밑 황무지를 사들여 한인(韓人)을 집단 이주시켜 한홍동(韓興洞)을 건설하여, 청소년을 교육하고 민중계도와 독립정신고취에 심혈을 기울였다.

1914년 요동으로 가서 한인공교회(韓人孔敎會)를 창립하고, 북경 등의 유교성적지(儒敎聖跡地)를 순례하면서 유교의 진흥을 도모하기도 하였다. 한편, 동삼성(東三省) 총독 등 중국 고관들과 접촉하여 독립운동에 대한 원조를 청하였다.

그리고 원세개(袁世凱)와 손문(孫文)에게 서한을 보내어 한중 양국의 친선결속을 호소하였다. 유고로는 〈한계유고〉가 있다. 1963년 대통령표창이, 1977년 건국훈장 대통령장이 추서되었다.

이상설과 이승희는 100여 가구의 한인을 봉밀산에 이주시키면서 '한국을 부흥시키는 마을(한흥동)'을 개척하였다. 북간도에 세웠던 '서전서숙'과 비슷한 학교를 세워서 민족교육을 시키고 이들을 독립군으로 양성하려는 원대한 계획이었다.

한흥동 건설의 소식이 국내의 애국지사들에게 전해지면서 신민회의 주요 간부인 안창호, 신채호, 조성환, 이종호, 유동열, 이동휘 등은 각기 한국을 떠나 19010년 4월 청도회의를 통해 밀산부에 10만 평을 사들여 독립운동기지를 세우려는 계획을 세웠다. 이를 추진하고자 안창호, 신채호 등이 블라디보스토크로 망명하였다.

3. 문화계몽사업을 펼침

　한흥동에는 1916년 이후 여러 해 동안 홍범도 장군이 들어와 고등소학교를 설립하여 민족교육을 실시하였다. 봉밀산 일대에서 홍범도와 함께 지낸 정태의 회상기에서, 봉밀산이 독립운동과 문화계몽사업의

▼ 중국 봉밀산

기초가 되었음을 파악하게 된다.

밀산은 구한말까지 봉밀산(蜂蜜山)이라 불렀다. 예로부터 물산이 풍부하고, "산에 벌[蜂]과 꿀[蜜]이 넘쳐난다"라고 하여 지명이 유래하였다고 한다. 1899년 청조에 의해 봉밀산 초간국(招墾局)이 설치되면서 밀산 일대에 이민자를 받아들이기 시작하였다. 1908년에 밀산부(密山府)가 되었다가 1913년에 부가 폐지되고 현(縣)이 설치되었다. 1992년부터 인근 계서시 관할의 하급 행정도시가 되었다.

밀산현(密山縣)으로 알려진 밀산은 일제강점기에 대표적인 항일 투쟁의 본거지 역할을 하였다. 두만강을 건너 연길에서도 기차를 타고 13시간 이상 이동해야 하는 거리의 밀산은 한반도에서 멀리 떨어져 있어 독립운동가와 여러 단체들이 활약하기 적합한 곳으로 인식되었다.

1889년 러시아 연해주에 거주하던 3호의 농민이 당벽진(當壁鎭)으로 이주하여 벼농사를 짓기 시작한 후, 10년이 지난 1899년에 1,000호로 증가하였다. 1909년에 이승희(李承熙, 1847~1916)는 이상설(李相卨, 1870~1917) 등의 위탁을 받고 봉밀산 부근의 비옥한 토지 150쌍을 매입하여 100여 호의 조선인을 이주시켜 '한흥동(韓興洞)'이라는 마을을 세웠다. "대한제국을 부흥한다"라는 뜻을 가진 한흥동은 백포자 일대에서 가장 먼저 세워진 동네로 '고려영'이라고도 불렀다. 이승희는 한민학교를 세우고 〈동국사략(東國史略)〉을 지어 민족의식을 고취시켰으며, '민약(民約)'을 제정하여 한국인들의 단결을 도모하는 등 한흥동을 한국 독립운동기지로 건설하기 위하여 심혈을 기울였다.

　도산 안창호(安昌浩, 1878~1938)는 1909년에 신민회(新民會) 단원을 파견하여 십리와(十里洼) 지역의 45만 평에 달하는 광활한 토지를 사들여 러시아 연해주와 조선의 조선인들을 집단 이주시켰다. 북만주로 이주해간 2,000여 명의 조선인들이 정착하기 시작하면서 그들이 경작한 농산물은 독립군의 군량미가 되고 수익은 군자금이 되었다. 밀산의 봉밀산을 중심으로 많은 항일 교육기관과 독립투쟁 활동의 근거지들이 세워지기 시작했는데, 봉밀산자(蜂密山子)의 밀산무관학교(密山武官學校), 당벽진의 대한독립군단과 대종교 총본사, 지일진(知一鎭)의 밀산부관립학교(지일소학교), 서대림자 굉량촌의 항일회 등이 대표적이다.

　안창호를 비롯하여 신채호(申采浩, 1880~1936), 김좌진(金佐鎭, 1889~1930), 이범석(李範奭, 1900~1972), 홍범도(洪範圖, 1868~1943) 등이 밀산을 기반으로 독립투쟁을 벌이기 위한 준비를 다졌으며, 이러한 활동의 가시적 성과는 봉오동전투, 청산리전투 등으로 나타났다. 밀산에는 후일 서일(徐一, 1881~1921) 장군이 마적단에 부하를 잃은 시름을 이기지 못하고 곡기를 끊어 자결했다는 언덕이 당벽진에 남아 있고, 이상설 선생이 세운 한흥동 마을도 남아 있다. 독립군의 군량미를 경작했던 십리와의 조선족 마을 뒷산에 뜻있는 인사들에 의해 '항일투쟁유적기념비'가 2009년에 건립되었다.

　1910년 조선이 일본제국주의에 강제 합병이 된 후 조선 애국자들은 탁족할 땅이 없게 되었다. 이런 형편에서 조선 애국자들은 외국에 나가서 토지를 사고 그에 이민을 시키고 청년들을 모집하여 교양함으로써 일본에 복수하려고 하는 자들도 있었다.

이런 경향하에서 중국 길림성 봉밀산을 탐구하여 내었다. 봉밀산은 러시아와 중국의 국경에 있으며 앞에는 흥개호가 가로놓여 있으며 북쪽은 청림이 꽉 들어섰다. 교통은 소왕령으로와 목릉현으로 가야 철도가 있다.

홍범도는 빈민 300여 호 조선사람들과 상종하게 되었는데, 그중에는 몽매한 자와 불량자들도 있고 청년 아동들은 공부 못 하고 허송세월 하는 것이 그에게 불만을 더욱 일으켰다. 그리하여 지방에 있는 모모한 자들과 토의하였으니, 자기 군인 중에는 교육 사업을 지도할 자격이 있는 사람이 없는 것이 딱한 일이 되었다. 이때 마침 이전 교원이며 나재거우 사관학교 출신인 정태라는 자가 홍범도가 군인을 데리고 봉밀산으로 들어갔다는 소식을 듣고 큰 희망을 품고 홍범도의 뒤를 따라 밀산으로 1916년에 들어갔다. 그러나 희망하던 바와는 딴판이었다.

홍범도는 이 기회를 놓치지 않고 정태를 교육사업에 이용하였다. 그리하여 염남 백포우자 한흥동에 고등소학교를 설립하고 또한 십리와에와 쾌상별이에 소학교를 설립하였으며 홍범도는 한흥동 학교에 교장과 교감으로 책임을 맡았고 십리와의 쾌상별이 학교에는 찬성장으로 사업하였다. (…)

조선 애국자들 중에서 안창호의 주선으로 밀산 십리와에 토지 30여

팍지를 구매하고 그 토지의 주인으로는 김성모를 지적하였으며, 또한 이상설의 주선으로 밀산령남 백포우즈에 토지 12팍지를 구매하고 토지 주인으로는 김학만으로 지적하였다.

그리고 조선 평안도와 함경도와 러시아령 연해주에서 조선 빈민들을 이주하였다. 그러나 이주된 빈민들은 토지를 개간할 힘도 약할 뿐만 아니라 흉년이 자주 들어 생명도 근근이 유지하여 왔다. 이때 조선 애국자들은 그를 후원할 금전도 없었다. 이러한 형편에 홍범도는 군인을 거느리고 봉밀산으로 들어왔다(한국정신문화연구원, 『한국독립운동사 자료집-홍범도 편』).

4. 안중근과의 만남

　이상설은 봉밀산 일대에서 군사기지를 건설하고 교육운동을 전개하였다. 또한 유인석, 최재형, 이범윤 등 교민 사회의 지도자들과 접촉하

▼ 안중근 장군

면서 의병단체의 통합과 항일투쟁의 방략을 상의하였다. 이상설은 이러한 활동을 벌이던 와중에 청년 의병장 안중근과도 만나게 되었다. 우국열정에 찬 두 사람은 곧 연령을 뛰어넘어 동지 관계가 되었고 날밤을 세워 국권회복의 방략을 논의하였다.

안중근은 한말 계몽운동 계열의 근대화론에 영향을 받아 계몽운동에 참여하면서도 일제에 대한 폭력투쟁, 즉 의병활동으로 활동의 영역을 넓혀갔다.

그의 사상을 일면이나마 보여주는 것이 감옥에 있을 때 집필한 〈동양평화론(東洋平和論)〉이다. 이 글은 서론 부분만 있지만 그의 사상과 활동의 연관성을 어느 정도 보여주고 있다.

그는 당시의 세계정세를 약육강식의 풍진시대로서 서양세력이 동양에 뻗쳐오는 시기로 보았다. 그러므로 동양 민족이 일치단결하여 서양세력의 침략을 극력 방어하는 것이 가장 중요한 임무라고 보았다. 따라서 동양평화를 위하여 서양의 동양 침략인 러일전쟁 때 "동양 평화를 유지하고 한국독립을 공고히 한다"고 내건 일본의 명분은 올바른 것이었으며, 이때 한민족이 일본을 지원한 것은 매우 잘한 일이라고 평가했다.

그러나 일본은 러일전쟁에서 승리한 뒤 동양평화의 약속을 깨뜨리고 한국의 국권을 빼앗았기 때문에 한국의 원수가 되었으며 이에 한국인들은 독립전쟁을 벌이게 된 것으로, 동양평화를 실현하고 일본이 자존하는 길은 한국의 국권을 되돌려 주고 만주와 청나라에 대한 야욕을 버린 뒤 서로 독립한 3국이 동맹하여 서양세력의 침략을 막고 나아가 개화의 역(域)으로 진보(進步)하여 구주와 세계 각국과 더불어 평화를 위해 진력해야 한다고 했다.

이 글은 당시 일본이 주장하고, 계몽운동자들의 일부가 가지고 있던 서양에 대응하는 동양세력의 단결을 주장하는 '동양주의'적인 입장을 보여준다. 그러나 일제의 침략이 가시화된 1905년 이후 대부분의 계몽운동자들이 일제에 대한 투항의 모습을 보인 것과 달리 폭력투쟁으로 나아간 것은 안중근 사상의 특징이라고 할 수 있다.

안중근은 1909년 10월 26일 하얼빈 역두에서 한국 침략의 원흉 이토 히로부미를 처단하고, 일제는 여순 감옥에서 6회의 공판만에 사형을 선고하였다. 안중근은 옥중에서 그동안 자신이 만났거나 세평을 들어 알고 있었던 한말의 주요 인사들에 관해 단평을 남겼다. 다음은 이상설 관련 평이다.

> 이상설, 금년 여름 해삼위에서 비로소 만났다. 동인의 포부는 대단히 크다. 세계대세에 통하고 동양의 시국을 간파하고 있다. 이범윤 같은 이는 만인이 모여도 상설 한 사람에 미치지 못한다.
>
> 동인의 의병에 대한 관념은 의병이 일어남으로써 한국인이 일본의 보호를 받는 것이 좋다고 하는 것을 이토 히로부미가 중외에 말하고 있지만 그것이 결코 좋은 것이 아니라는 반증으로서는 동양의 평화를 스스로 깨게 될 염려가 있다고 말하고 있다. 여러 차례 만나서 그의 인물을 보니 기량이 크고 사리에 통한 대인물로서 대신의 그릇됨을 잃지 않는다.

이상설은 재사로서 법률에 밝고 필산에 통달하고 영어, 불어, 노어(러시아어), 일어에 통한다. 사람은 지위에 따라 심지를 달리하는 것이지만 최익현, 허위 등에 비하여 용맹한 기상은 혹 적을지 모르나 지위를 달리함으로 할 수 없는 일이다.

세계대세에 통하고 애국심이 강하고 교육발달을 도모하여 국가백년대계를 세우는 사람은 동인일 것이다. 또한 동양평화주의를 갖는 데 있어서는 동인과 같이 친절한 마음이 있는 사람은 드물다(김상웅, 『안중근 평전』).

5. '13도의군'을 편성함

일제는 안중근이 이토 히로부미를 처단하자 그의 의거를 꼬투리 잡
아 노골적으로 한국병탄에 나섰다. 일제가 강제로 고종황제를 양위시
키고 그 뒤를 이어 제위에 오른 순종은 고종에 비해 나약하기 그지없는

▼ 1907년 의병

군주였다. 당시 조선의 정부 내각은 모조리 친일파로 조직되고 유길준이 회장인 한성부민회는 이토 히로부미 추도회를 열었으며 매국단체 일진회는 한일합방을 청원했다. 일제는 1909년 이른바 '남한대토벌작전'이란 이름으로 국내 의병학살작전을 전개하고, 1910년 6월에는 '경찰권 위탁각서'를 통해 일본헌병이 한국 치안을 담당하게 하였다. 이렇게 일제는 대한제국의 목숨 줄을 서서히 조여 오고 있었다.

블라디보스토크의 한인 지도자들은 조선 내의 이러한 상황 전개 소식을 듣고는 크게 분노했다. 대한제국의 운명이 더욱 바람 앞의 등불처럼 위태롭자 그들은 머리를 맞대고 그 해결책을 논의하곤 했다. 그러나 당시 국내의 의병은 거의 진압되거나 그 일부가 월경하여 만주, 러시아령으로 이동했다. 당시 연해주 지역 의병 지도자들은 여러 가지 사정으로 불화 상태를 빚고 있었다.

의병부대의 국내 진공작전의 패전으로 책임론과 함께 심지어 의병활동에 대한 무용론까지 제기되었다. 안중근이 의병투쟁 대신 스스로 몸을 던진 의열투쟁으로 전환한 것도 이 같은 배경에서였다. 일제는 안중근 의거의 배후에 유인석이 개입되었다는 혐의로 뒷조사를 벌이는 등 연해주의 한인사회에 공포분위기를 조성하였다.

이상설은 이 같은 상황을 그대로 두고 볼 수만은 없었다. 그는 우선 만주와 러시아령 안에 산재한 의병부대를 하나의 조직체로 통합해야 한다는 결론을 얻고는 유인석, 이범윤 등 지도자들과 직접 만나거나, 인편을 통해 이를 추진하면서 종국적으로는 국내의 의병까지를 통합한다는 방침을 세웠다. 안중근 의거 후 일시 거주지를 옮겨 이종섭의 집에서 유거하던 유인석은 이상설의 문안을 받고 답신을 보냈다.

대감께서 매우 근심해 주어 지극히 감동될 뿐입니다. 대저 왜놈들이 후작(이토 히로부미)을 보내 정탐하는 데 이르게 되면 정세는 혹독하게 될 것입니다. 그러나 이토 히로부미를 죽인 것은 제가 그 계획을 안 것은 아니지만 억지로 저로부터 했다고 한다면 혹 될는지요? 대체로 인석(유인석)이 이곳에 오지 않았으면 안응철(안중근)도 형세가 일을 하지 못하게 되었을 것입니다.

이렇게 말한다면 혹 저로부터 했다고 할 수 있습니다. 그러나 저와 이석대로 하여금 여기에 오게 한 것은 이토 히로부미의 소행입니다. 그 놈이 죽은 것은 그 자신으로부터이지 어찌 다른 사람으로부터이겠습니까?(「답이참찬」, 『의암집』).

이상설은 국내 정세가 긴박하게 돌아가고 있다는 소식을 접하고는 연해주, 만주와 국내의 모든 의병부대를 통합하여 단일 의병부대 즉 '13도의군'을 편성하자고 제안했다. 13도의군을 국내로 진공시키고자 결심한 이상설은 다시 인편을 통해 유인석과 만나 이 문제를 상의하고자 하였다. 유인석이 답신이다.

인석은 나라를 근심하여 죽고 싶습니다. (…) 내지(국내)는 함몰되고 의병은 꺾이며 결박되어 다만 속수무책이라고 말할 수밖에 없습니다. 또 듣건대 왜놈과 러시아가 협약을 맺어 이 지역이 곧 관할당하게 되었다니, 역시 몸둘 곳을 도모할 수 없게 되었습니다.

이때 어찌 차마 일을 질질 끌며 늑장을 부릴 수 있겠습니까? 대감에게 꼭 좋은 계책이 있을 것입니다. 그리고 천 번을 생각하면 역시 답을 얻게 되는 데 얻은 것을 행할 때는 혹 부흥시키는 하나의 방책으로 될 수 있으니, 당신의 계책을 마땅히 서로 대질하고서 시행하여야 합니다.

시각이 이렇게 급한 때에 당신께서 오겠다고 말씀하였지만 쉬이 오지 못하게 되었으며, 제가 병든 몸으로 당신을 찾아가 뵙고자 해도 가지 못하게 되었으니, 어떻게 하면 좋겠습니까? 저를 대신해서 먼저는 차씨를 보내었으며 지금은 또 아들을 보내니 양해하시기 바랍니다(『의암집』).

이상설과 유인석, 이범윤 등은 깊은 논의 끝에 1910년 6월 21일 연해주와 간도 일대의 의병을 통합하여 13도의군을 편성하기에 이르렀다.

13도의군은 대한제국 말기와 일제강점기의 항일 의병 조직이다. 대한제국 말기 국내외 의병 활동들을 단일 지휘계통으로 통합할 목적으로 유인석(柳麟錫), 이상설(李相卨), 이남기(李南基), 이범윤(李範允) 등이 주축이 되어 1909년(융희 3) 6월 연해주 블라디보스토크에서 대한13도의군(大韓十三道義軍)을 조직하였다. 13도의군은 도총재(都總裁)에 유인석을 추대하였다. 그 아래로 창의총재(彰義總裁)에 이범윤, 장의총재(壯義總裁)에 이남기, 도총소참모(都總所參謀)에 우병렬(禹炳烈), 도총소의원에 홍범도(洪範圖), 이진룡(李鎭龍) 등이 각각 선임되었다. 국내의 애국계몽운동을 주도하던 신민회의 주요 간부 안창호, 이갑 등이 도총소의원으로, 이상설은 외교대원(外交大員)으로 각각 참가하였다.

신민회의 참여는 의병운동과 애국계몽운동이 이때에 와서 비로소 협력 내지 합작해 공동 전선을 구축하게 되었다는 것을 의미한다. 의군은 국내의 각 도마다 총재, 총령, 참모, 총무, 소모(召募), 규찰(糾察), 통신 등의 임원을 두었다. 다시 도총재의 휘하에 도의 총재를 편성하여 국내까지 조직을 확대하려 하였다. 1910년(융희 4), 대한제국의 국권 피탈 이후 실질적인 활동은 크게 위축되었지만 무장투쟁을 계속하였다. 이상설 등과 두만강 연안으로 진격하려 했으나 블라디보스토크가 항일투쟁의 근거지로 변하는 것을 저지하고자 일제가 러시아에 강력한 항의를 제기, 유인석이 러시아 관헌에게 체포되었다. 1915년 유인석이 봉천성(奉天省)에서 병사하여 구심점을 잃고 해체되고 말았다.

이범윤이 이끄는 창의회 등을 주축으로 하고, 유인석이 1908년 이범윤 의병의 항일전을 후원하기 위해 마련한 35개조의 〈의병규칙〉을 13도의군의 '행동규약'으로 정하였다.

이에 따라 각 읍면마다 신망 있는 인물을 뽑아 읍총재를 삼아 그 진장을 지휘하게 하고, 각 도마다 덕망과 신의가 높아 영수가 될 만한 자를 도총재로 삼아 도통령과 읍총재를 관할하게 했다. 또 전국적으로 인심이 열혹할 만한 인물을 추대하여 13도 총재를 삼아 도통령과 도총재를 관할하도록 하였다.

도총재를 정점으로 하는 단일편제로 명령지휘계통을 통합함으로써 향후 전면적인 항일전에 대비하고, 차후 망명정부의 수립까지도 내다본 체제를 마련하였다. 도총재 아래 실질적인 군지휘관으로 도통령을 두어 군사를 통괄하게 하였다.

13도의군의 지도체제는 러시아령과 간도에서 활동했던 이범윤을 창의총재, 함경도 의병장이던 이남기를 장의총재, 황해도 의병장이던 우병열을 도총소참모, 장백부를 기지로 하고 삼수, 갑산 등지에서 활동하던 홍범도와 황해도 의병장이던 이진룡을 각각 동의원으로 하여 시베리아 안의 의병을 통솔하게 하였다.

여기에 더해 국내에서 신민회를 주도하던 안창호, 이갑까지 함께 참가하는 한편, 이상설 자신도 외교대원이 되었다. 이를 통해 연해주 내의 의병은 통합을 이루게 되었다. 또한 기존에 의병항쟁과 길을 달리하던 독립지사들까지도 애국계몽 계열의 구국운동에 참여하여 공동전선을 기획한 것이다.

13도의군은 13도의군 총재 유인석의 명의로 〈13도 대소 동포에게 고함〉이라는 포고문을 통해 국내외 동포들이 총궐기하여 일제를 타도하자고 호소했다.

이상설은 13도의군에서 '외교통신' 또는 '도통신' 등의 직함을 가진 것으로 알려져 있다. 하지만 이상설은 13도의군 조직과 그 편성과정에서 주도적 역할을 하였다고 한다. 이상설이 13도의군 조직을 주도하고도 외교통신원 위치에 머무른 것은 유인석과 이범윤 사이를 절충하면서

전체 사무와 조직을 분리하는 실질적 책임을 담당하기 위해서였던 것으로 보인다. 연해주 한인 사회에서 두터운 신망을 받고 있던 이상설은 그 역할을 수행하는 데 적임자였다. 러시아 측의 기록에서도 이 같은 사실을 확인하게 된다.

1910년 7월 8일 안밤비 마을에서 창의회는 조직, 운영, 중앙부를 구성할 목적으로 150명의 대표위원이 참석하는 빨치산대회를 소집하였는데 이 중앙부는 모든 빨치산 부대를 통솔하게 될 것이었다. 대회에서는 의방 이범윤, 군지휘관 유인석, 군대훈련 교관 이상설이 선출되었다. 또한 대회에서 창의회 참모부가 구성되었는데, 여기에는 이범윤, 이상설, 홍범도, 한주, 이규풍, 이범석, 권유상, 이기, 이지광이 선출되었다(박보리스, 「국권피탈 전후시기 재소한인의 항일투쟁」, 『한민족독립운동사논총』).

8장
국권회복투쟁의 선봉에 서다

1. 고종의 연해주 망명을 꾀하다

이상설은 13도의군의 편성과 더불어 도총재 유인석과 함께 또 다른 큰 프로젝트를 준비하였다. 이상설은 우선 고종황제에게 사람을 보내어 '13도의군을 조직하여 무장전쟁을 통해 국권을 회복하고자 하나 군수가 부족하니 내탕금에서 군자금을 보내달라'는 상소를 올렸다.

이상설은 '의군별지휘 전 종이품 가선대부 이정부참찬'의 직함으로 '13도의군 도총재' 유인석과 연명으로 1910년 7월 28일 의군의 참모가 된 전 군수 서상진을 국내로 파송하여 상소를 고종황제에게 전달하였다.

상소에는 13도의군이 국권회복을 위해 편성된 사실을 설명하고, 이에 소요되는 군자금을 보내달라는 내용을 담았다.

신 등이 바야흐로 의병을 규합하고 러시아 관리에게 주선하니, 일이 가망이 있고 계획이 점차 성취되어 가고 있습니다. 다만 군수가 아직도 결핍하여 시기가 지연되고 있습니다. (…) (나라의) 부흥대계가 오로지

이 의거의 일당에 있을 따름입니다. 엎드려 비옵건대, 폐하께서는 특별히 비밀리에 성의를 가진 믿을 만한 신하에게 내탕금을 내리시어 신 등이 있는 곳에 이르게 해 주십시오. 전 판서 윤용구는 본디 성품이 충량하여 (이 일을) 가히 맡길 만할 것입니다.

이상설은 또한 고종황제가 연해주를 파천하여 항일투쟁을 직접 지도하도록 간청하는 내용의 상소문을 올렸다. 만약에 고종황제가 이상설의 상소대로 일제의 감시망을 뚫고 조선을 탈출하여 연해주에서 망명정부를 세웠다면 아마도 조선의 독립의 시기는 보다 앞당겨졌을지도 모를 일이다.

이상설은 얼마 후 고종의 '러시아 파천'을 시도하였다.

오호라. 금일과 같은 지경에 이르렀으니, 폐하께서 한 번 다른 나라에 파천하신다면 열국의 공론을 가히 제창할 수 있을 것이니, 천하의 일을 단연코 가히 할 수 있을 것입니다.

엎드려 바라옵건대, 러시아령 블라디보스토크로 파천하시도록 단호히 계획하십시오. 신 등이 비록 불민하지만 단연코 성궁을 보호하고 중흥을 도모함에 만만 의심이 없습니다. 폐하께서는 과연 이러한 큰 성단을 내리신다면 은밀하게 신 등에게 알려주십시오. 국경을 나와 머무실 곳 등의 일은 신 등이 당연히 다시 알려 청하겠습니다. 오호라. 만약 몇 달이 지연된다면 다른 염려가 있을 것이니 시각이 급합니다.

만일 놓칠 수 없는 기회가 있다면 신 등에게 알릴 것을 기다리지 말고 즉시 행하는 것이 좋을 것입니다. 폐하께서 이 일을 행하고자 해도 진실로 할 수 없고 만약 이 일을 행하지 않으신다면 끝없는 욕이 다가올 것이니 신 등은 차마 말할 수 없고 또 말하고 싶지도 않습니다.

엎드려 바라건대 폐하께서는 결연히 계획을 빨리 정해 주십시오.

일부 자료에 의하면 고종은 강제 퇴위를 당한 후 신변 안전과 국권회복의 목적으로 러시아로 망명하고자 했던 것으로 밝혀졌다. 그러나 일제는 고종황제를 철저히 감시하고 있었고 궁내에는 고종을 감시하는 첩자들 또한 많았다. 여기에 고종 스스로가 우유부단하여 결단을 내리지 못해 고종황제의 망명은 실패로 돌아갔다.

러시아 측의 정보에서도 고종의 망명 관련 자료를 찾게 된다.

일본 동경 주재 러시아대사 말렙스키 말레비치가 1908년 11월 20일 자국의 외무성에 보낸 비밀문건에는, "서울 궁정과 관계가 있는 사람이 전한 말에 의하면 전 황제가 배 편으로나 육로로 러시아에 망명을 준비하고 있다고 한다"고 망명정보를 파악하고 있고, 이어 그로 인해 야기될 상황에 대해서는 "전 황제가 러시아 영토에 출현하면 다시 극동에 심각한 위협이 초래되어 대한제국 문제로 러일관계는 긴장이 조성될 것"으로 예상하고, "가장 바람직한 조치로 극동 정세를 복잡하게 만들 수 있는 전 황제의 망명계획을 좌절시키는 것이 좋다"고 그 대책까지 제시하고 있다.

1909년 1월 18일 서울 주재 총영사 쏘모프가 보낸 비밀전문에서도 같은 맥락에서 러시아 인사들은 광무황제 자신에게나 백성에게나 모두 무익하다는 이유를 들어 광무황제에게 망명을 포기할 것을 간곡히 권한 것으로 확인된다. 그리고 이상설이 상소를 올리기 직전인 1910년 7월 15일에 말렙스키 말레비치가 보낸 비밀 지급문서에서도 "전 황제가 러시아로 탈출하려 한다는 정보는 확인할 수 없다"고 언급한 것으로 보아 광무황제의 러시아 망명의사와 동향은 이때까지도 여전히 존재해 왔던 것으로 판단된다.

이상설과 유인석이 과감하게 추진하고자 했던 고종황제의 러시아 망명은 결국 실현되지 못했다. 여기에는 러시아 정부의 비협조도 한몫했다. 러시아는 일본과 갖게 될 복잡한 이해관계 때문에 고종황제의 망명에 협조하지 않은 것으로 드러났다.

이상설은 고종황제의 망명이 수포로 돌아갔음에도 국권회복운동을 계속해서 진행시켰다. 이상설이 여러 가지 방략을 준비하고 있을 때 일제가 대한제국을 병탄하는 조약체결 임박 소식이 블라디보스토크의 《다리요카 우크라니아》 신문을 통해 알려지게 되었다. 러시아 당국은 일제에 의해 압력을 받아 13도의군의 활동을 중지시켰다. 이로써 국내진공을 통해 일제를 한반도에서 축출하려던 13도의군은 해체되는 비운을 겪어야 했다.

2. 불합리한 '합병조약'

1910년 8월에 들어 일제는 한국병탄을 더욱 가속화하였다. 8월 22일 이른바 합병조약을 맺고 8월 29일 이를 공표하기에 이르렀다.

1910년 8월의 국치는 우리나라 역사상 전무후무한 일이다. 비록 국권은 외적에 빼앗겼지만 역사와 민족은 그대로 살아 있어서 애국지사들은 망국이란 표현 대신 국치라 불렀다. 그래서 훗날 대한민국 임시정부에서는 8월 29일을 국치일로 정하고 하루 동안 금식을 하면서 절치부심 독립정신을 가다듬었다.

1905년 을사늑약으로 외교권을 강탈한 일제는 정미7조약, 차관정치, 군대해산, 기유각서 등의 과정을 거치면서 대한제국을 무력화시킨 다음, 마침내 1910년 8월 22일 매국노 이완용과 조선통감 데라우치 마사타케 사이에 이른바 '합병조약'이 조인되고, 8월 29일 이를 공표하였다.

대황제 폐하 조칙

짐이 동양평화를 공고하게 하기 위하여 한일 양국의 친밀한 관계로 서로 상합하여 한 집이 됨은 서로 만세의 행복을 도모하는 까닭을 생각한즉 이에 한국 통치에 의거하여 이를 짐이 극히 신뢰하는 대일본국 황제 폐하께 양여함으로 결정하고 그로 인하여 필요한 조장(條章)을 규정하여 내각 총리대신 이완용에게 전권위원을 임명하고 대일본제국 통감 데라우치 마사타케(寺內正毅)와 회동하여 상의(商議) 협정하게 함이니 모든 대신은 또한 짐이 확단(確斷)한 바를 본받아 봉행(奉行)하라.

어명어새(御名御璽)

융희 4년 8월 22일

일한합병 조약

일한합병의 조약 전문은 다음과 같다.

조약 제4호

일본국 황제 폐하와 한국 황제 폐하는 양국 간의 특수하고 친밀한 관계를 돌아보아 서로 행복을 증진하고 동양평화를 영구히 확보하고자 하는 목적을 달성함에는 한국을 일본 제국에 병합하는 것만 함이 없음을 확신하고 이에 양국 간에 병합 조건을 체결하기로 결정한 후 일본국 황제 폐하는 통감 자작 데라우치 마사타케로, 한국 황제 폐하는 내각 총리대신 이완용으로 각기 전권위원을 임명함으로 인하여 그 전권위원은 함께 모여 협의한 후 다음과 같은 모든 조약을 협정하였다.

제1조 한국 황제 폐하는 한국 전부에 관한 일체의 통치권을 완전하고도 영구히 일본 황제 폐하께 양여함.

제2조 일본 황제 폐하는 앞의 조에 게재한 양여를 수락하고 또 한국을 일본 제국에 합병함을 승낙함.

제3조 일본 황제 폐하는 한국 황제 폐하, 태황제 폐하, 황태자 전하와 그 후비와 기타 후예로 하여금 각기 직위에 따라 존칭·위엄·명예를 향유케 하고 또 이를 보육함에 충분한 세비(歲費)를 제공할 것을 약속함.

제4조 일본국 황제 폐하는 앞의 조 이외에 한국 황족과 그 후예에 대하여 각 상당한 명예와 대우를 향유케 하고 또 이를 유지하는 데 필요한 자금을 공급할 것을 약속함.

제5조 일본국 황제 폐하는 훈공이 있는 한인으로 특히 표창함이 적당하다고 인정하는 자에 대하여 영예로운 작위를 수여하고 또 은사금을 줌.

제6조 일본국 정부는 앞에 기재한 병합의 결과로 한국의 시정을 담당하고 그때에 시행할 법규를 준수하는 한인의 신체 재산에 대하여 십분 보호하여 주고 또 그 복리 증진을 도모함.

제7조 일본국 정부는 성의 충실히 신제도를 존중하는 한인으로 상당한 자격이 있는 자를 사정이 허락하는 한에서 한국에 있는 제국 관리로 등용함.

제8조 본 조약은 일본 황제 폐하와 한국 황제 폐하의 재가를 받은 것으로 공포일로부터 시행함. 이 증거로 양국 전권위원은 본 조약에 기명 날인함이라.

융희 4년 8월 22일 총리대신 이완용 인
명치 43년 8월 22일 통감자작 데라우치 마사타케 인

국호 개칭 조선
한국의 국호는 오늘부터 조선으로 바꿈.

이 조약은 전문과 8개항으로 구성되었다. 전문에선 "일본국 황제폐하는 통감자작 데라우치 마사다케를, 한국 황제 폐하는 내각 총리대신 이완용을 각각 전권위원으로 임명함"이라 하여, 마치 순종황제가 망국 조약의 체결권을 이완용에게 위임한 것처럼 만들었다. 하지만 순종이 이완용을 전권위원으로 임명했다는 자료나 위임장은 어디에도 존재하지 않는다.

또한 내각회의에서 이 문제를 논의한 적이 없었을 뿐 아니라 내각회의록에도 남아 있지 않다. 강제합병 뒤 조선총독부가 편찬한 《순종실록》에서조차 기록이 없다. 자기 나라를 외국과 '합병'하는 중차대한 사안이 내각회의록에 기록되지 않았다는 것은 상식적으로 있을 수 없는 일이다.

병탄조약이 '체결'되고 2개월여가 지난 1910년 11월 7일 데라우치 마사타케가 일본 내각 총리대신 가쓰라 다로에게 보고한 문건에도 저간의 사정이 상세하게 적혀 있다. 데라우치 마사타케는 현장에서 병탄조약을 '체결'한 장본인이다. 이 문건은 일왕에게도 보고되었다.

본관은 성지를 받들어 지난 7월 23일 한국에 착임한 이래 이미 확정된 계획에 따라 시기를 노려 병합의 실행에 착수코자 한편으로는 준비를 서두름과 동시에 남몰래 한국 상하의 상황을 살펴보건대, 어느 한 쪽이나 대세의 진운에 비추어 난국을 구제하기 위해서는 도저히 근본적인 개혁을 피할 수 없다는 사리를 깨달은 것 같으나 당국자는 오직 황실의 대우와 재상 정부 직원의 처분에 관하여 아직도 의념을 품어 시국 해결의 책임을 미루려고 하는 상황이므로 본관은 간접 경로를 통해 우리 천황폐하의 관인하고 그 정부의 광명한 황실 및 재상은 물론 한민(한국인) 전반의 처세 상태를 한층 안전하고도 행복한 지위에 둘 것이며, 오늘보다 더한 고경에 빠지는 일은 결코 없을 것이라는 이유 및 한국 내각원으로서 그만둔다 할지라도 제국정부(일본정부)의 결의를 실행하는 데는 전혀 지장이 없으며 그의 퇴피행위는 도리어 당국자 및 국가에 불리한 결과를 가져오는 데 지나지 않는다는 사정을 미리 이해시키기 위해 노력하겠다(데라우치 마사타케, 「조선총독 보고 한국병합시말」, 『1910년한국강점자료집』).

3. 한일합병의 경과와 체결

　한일합병은 경술국치 · 국권 피탈 · 일제 강점 · 일제 병탄 등으로도 불린다. 대원군 집정 이후 쇄국정책을 고수하던 조선은 1876년(고종 13) 일제의 강압적인 외교에 눌려 강화도조약을 체결함으로써 개항을 맞이하였고, 제국주의 열강에 의한 군사 · 경제 · 정치적 압력에 직면하게 되었다.

　개항 초기 조선을 둘러싸고 청나라와 세력 각축전을 벌이던 일제는 1894년 청일전쟁을 도발, 승리함으로써 청나라 세력을 배제하고 조선에서 더욱 우월한 지위를 확보할 수 있었다. 그러자 조선은 일제 세력을 견제하기 위해 청일전쟁 직후 삼국간섭 때부터 등장한 러시아와 밀접한 관계를 맺게 되었다.

　조선이 이와 같이 배일친러정책을 표방하자, 일제로서는 러시아 세력을 몰아내기 위한 일전이 불가피해진 것이다. 러일전쟁을 눈앞에 둔 1903년 12월, 일제는 영국과 미국의 지지하에 한국의 식민지화 방침을 확정짓는 '대한방침(對韓方針)'을 결의하였다. 이러한 방침 아래 일제는 먼저 러일전쟁을 도발함과 동시에 1904년 2월, 한국에 군대를 파견함으로써 침략 야욕을 노골적으로 드러내었다.

이러한 군사력을 등에 업고 한국 정부를 위협하여 체결한 것이 〈한일의정서(韓日議定書)〉이다. 이로써 한국은 일제에게 군사적 목적을 포함한 모든 편의의 제공을 강요당했으며, 많은 토지와 인력도 징발당하였다. 나아가 일제는 한국민의 항일투쟁을 탄압할 목적에서 '치안담당'을 구실로 1904년 7월부터 군사경찰제도를 일방적으로 시행하기에 이르렀다. 한국민은 경향을 막론하고 일본군의 감시하에 놓이게 된 것이다.

1904년 8월 일제는 제1차 한일협약(한일협정서)을 강제로 체결, 일본 정부가 추천하는 고문을 재무와 외무에 두도록 하여 재정권과 외교권을 침탈하였다. 나아가 한국 식민지화를 앞두고 열강의 외교적 승인을 얻는 공작에 전력을 기울여, 미국과는 1905년 7월 '가쓰라-태프트밀약(桂太郎-Taft密約)'을 맺고, 영국과는 8월에 제2차 영일동맹을 맺음으로써 양국으로부터 한국에서의 독점적 지위를 승인받기에 이른다.

또한, 러일전쟁의 우세한 전황 속에서 9월에 체결된 포츠머스(Portsmouth) 강화조약 결과 한국 안에서의 러시아 세력도 완전히 배제할 수 있게 되었다.

이와 같이, '한국 식민지화'의 국제적 승인까지 받아 놓은 상황에서 1905년 11월, 일제는 고종을 협박하고 매국노들을 매수해 을사조약(제2차 한일협약)을 체결하였다. 이로써 한국은 국권을 강탈당해 형식적인 국명만을 가진 나라로 전락하였다. 강제로 체결된 을사조약으로 한국의 외교권은 완전히 박탈되어, 영국 · 청 · 미국 · 독일 등 주한 외국공관들도 철수하고 말았다.

고종은 이와 같은 을사조약의 무효를 선언하고 한국의 주권 수호를 호소할 목적으로 1907년 6월 헤이그평화회의에 특사를 파견하였다. 그러나 헤이그특사 파견 사실을 안 일제는 7월 20일, 통감 이토 히로부미로 하여금 배일의식이 강한 고종을 강제로 퇴위시키고 대신 순종을 즉위하게 하였다. 이어 7월 24일에는 정미7조약을 체결, 한국의 내정권마저 장악하였다.

같은 달 27일에는 언론 탄압을 목적으로 한 광무보안법을 잇달아 공포하여 한국민의 항일 활동을 한층 탄압하였다. 이어서 한국 식민지화의 최대 장애였던 한국 군대의 강제 해산을 8월 1일부터 약 한 달에 걸쳐 단행하였다.

이때 상당수의 한국 군인은 군대 해산에 반발, 일본군과 치열한 교전을 벌인 뒤 의병에 합류하였고, 이로써 전국적으로 확대, 발전된 의병 항전은 대일 전면전의 성격으로 격화되기에 이르렀다. 이처럼 치열하게 전개된 의병 항전은 1909년 9월, 일제의 '남한대토벌작전'에 밀려 그 기세가 누그러진다.

일제의 국권 침탈이 가속화되어 국내에서의 항일운동이 어려워지자 상당수 항일민족운동자들은 항일민족운동을 지속적으로 펼치기 위해 만주나 시베리아 등지로 이주, 망명하게 되었다. 한편, 안중근은 1909

년 12월 만주 하얼빈 역에서 대한 침략의 원흉 이토 히로부미를 총살, 한민족의 울분을 대변하였다.

그 뒤 일제는 1910년 5월 육군대신 데라우치 마사타케를 3대 통감으로 임명, 한국 식민화를 단행하도록 하였다. 데라우치 마사타케는 막바지 준비 작업으로 헌병경찰제를 강화하고 일반경찰제를 서둘러 정비하였다. 1907년 10월 일제는 한국 경찰을 일제 경찰에 통합시켰는데, 1910년 6월 각서를 교환함으로써 종래의 사법·경찰권 이외에 일반경찰권까지 완전히 그들 손아귀에 넣었다. 이로써 일제는 〈한일합병조약〉을 체결할 시기만을 노리게 되었다.

8월 16일, 통감은 비밀리에 총리대신 이완용(李完用)에게 합병조약안을 제시하고 수락할 것을 독촉하였다. 그리하여 같은 달 22일 이완용과 데라우치 마사타케 사이에 합병조약이 조인됨으로써 한국은 암흑의 일제시대 36년간을 맞이하게 되었다.

조약이 체결된 뒤에도 일제는 한국민의 반항을 두려워하여 발표를 뒤로 미루었다. 조약 체결을 숨긴 채 정치 단체의 집회를 철저히 금지하고, 또 원로대신들을 연금한 뒤인 8월 29일에야 순종으로 하여금 양국(讓國)의 조칙을 내리게 하였다.

8개조로 된 이 조약은 제1조에서 '한국 전부에 관한 일체의 통치권을 완전하고도 영구히' 일제에게 넘길 것을 규정하고 있다. 이로써 한국은 조선왕조가 건국된 지 27대 519년 만에, 그리고 대한제국이 성립된 지 14년 만에 망하고 말았다.

이때부터 일제는 통감부를 폐지하고 총독부를 세워 한국 통치의 총본산으로 삼았고, 초대총독으로 데라우치 마사타케를 임명하였다. 그동안에도 일제 자본가들은 통감부의 보호와 원조를 배경으로 한국에서의 경제적 지배를 확립, 금융 · 광업 · 임업 · 어업 · 운수 · 통신 등 산업의 모든 분야를 완전 독점하고 말았다.

한편, 일제는 1910년부터 1918년까지 '토지조사사업'이라는 미명하에 한국 농업의 지배 체제를 확립함과 동시에 많은 토지를 탈취, 대다수의 한국 농민이 일제 수탈의 대상이 되고 말았다. 또, 1910년 12월에 내려진 〈회사령(會社令)〉은 한국인의 기업 설립을 사실상 불가능하게 만들었다.

문화 · 교육 면에 있어서도 한국 고유의 전통은 하나하나 파괴되어 갔으며, 〈사립학교령(私立學校令)〉으로 인해 한국민이 주체가 된 교육 기관은 존재 자체가 불가능할 정도였다. 언론 · 출판 역시 단속이 심해졌다. 또한 일어 사용이 강요되고 일체 집회가 금지되어 한국의 민족 문화 및 예술의 발전은 기대할 수 없게 되었다.

4. 성명회 조직과 항일투쟁

　국치의 소식은 국내뿐만 아니라 국외에서 독립투쟁운동을 벌이고 있던 사람들에게도 충격적으로 전해졌다. 누구보다 국권회복운동에 진력해 온 이상설에게는 더욱 그랬다.

　그럼에도 불구하고 이상설은 이대로 주저앉아 국치를 당하고만 있을 수는 없다고 생각했다. 이상설은 여러 면에서 조선시대 선비의 자격을 두루 갖췄지만, 더불어 실천적 근대 지식인의 자질도 갖추었다. 다시 털고 일어나 실의와 좌절에 빠지거나 통분하는 동포들을 모아 새로운 구국운동을 시작하였다.

　이상설에게는 더 이상 지체할 이유가 없었다. 이상설과 블라디보스토크에 거주하는 한인 200여 명은 즉시 한인촌의 한인학교에 모였다. 많은 사람들이 나라가 망했다는 소식에 분노하며 통곡했다. 이날 회의는 비통한 분위기 속에서 진행되었다. 회의가 진행되는 동안 동포의 수는 700여 명으로 늘어났다. 다음 날 새벽 2시 반까지 계속된 이 모임은 성명회의 이름으로 모든 '한인이 동맹하여 국권회복을 기도하기로' 결의하였다.

이상설은 한인대회를 준비하면서 "대한의 국민된 사람은 대한이 광복을 죽기로 맹세하고 성취한다"는 목표로 성명회 조직을 발의하였다. 성명회의 뜻을 "성피지죄 명아지원(聲彼之罪 明我之冤)", 즉 "일본의 죄를 성토하고 우리의 원한을 선명한다"에서 땄다. 이상설의 사상은 광복을 위해 한국인이 모든 역량과 수단을 모아 항일독립운동에 나갈 때 민족의 시련을 극복하고 독립의 영광을 찾게 된다는 것이었다.

이상설이 이날 집회에서 기초하여 배포한 성명회의 취지문은 다음과 같다.

오호, 해외재류 아 동포여, 한 번 머리를 들어 조국의 한반도를 바라보라. 저 아름다운 삼천리 강산은 오인의 시조 단군이 전하는 바고 우리 2,000만 동포는 단군의 자손이 아니냐. 우리이 존중하고 경애하는 바는 이 반도이다.

잊으려 하여도 잊을 수 없고 버리려 하여도 버릴 수 없는 바다. 어시호 우리는 차라리 2,000만의 두려를 끊을지언정 5,000년래 조국, 이는 버릴 수 없다. 우리는 생명을 바치어도 타의 노예가 될 수 없다.

저 간악무도한 왜적은 만근 수십년래 일시의 강력을 방패로 삼아 우리 황제를 편박하고 우리 정부를 위협하여 한 번 외교권을 빼앗고 두 번 내정을 간섭하여 우리의 독립권을 침해하고 우리의 부모형제를 학살하고 우리의 가옥 전토를 강탈하였다.

우리들과 하늘을 같이할 수 없는 원수이다. 누가 통심절치치 않겠느냐. 우리는 금일까지 인묵의 태도를 취한 것은 일면 우리의 실력을 함양하고 일면 저들의 회개를 기대한 것으로 결코 저들 관천영지의 죄악을 용서한 것이 아니다.

정의인도를 무시한 왜적은 다시 기악을 키워 소위 합병의 의를 창하고 우리의 국기를 뽑고 우리의 역사를 불사르고 우리의 민적을 그들이 노안으로 만들었다.

오호, 우리는 금일에 이르러서도 상차 인묵하여야 하는가, 금일지사 우리의 최후의 역사가 아니냐. 우리 동포는 무장할 날을 금일로서 피를 흘릴 날도 역금일인 것이다.

대저 일에는 차서가 있고, 때에는 전후가 있다. 20세기 국민의 행동은 세계 열강의 여론에 의거하는 것이다. 그러므로 먼저 열국 중 오국과 일찍이 친교동맹을 체결한 각국에 대하여 왜적의 불법무도한 사실과 아울러 합병 반대의 의견을 피력하여 기오신을 풀고 열국의 공명정대한 여론을 구하고 그리고 왜적의 죄를 성토하는 것이다.

이것이 우리들이 할 제일급무라 일컬을 것이다. 여사히 지를 같이하고 분을 같이하는 동포의 의와 시를 같이하고 일어났다. 음력 7월 13일(양력 8월 23일) 다수의 동포 해삼위 한인거류지에 회합하여 성명회를 조직하고 노청 각지에 재류하는 동포에게 공포한다.

조국을 사랑하고 동포를 사랑하는 우리 동포는, 사랑하는 우리 동포는 속히 협력하여 성을 같이 할지어다. 우리가 제자에게 바라는 바는 뜻을 같이하고 성을 같이하는 것뿐이다. 동포의 결을 구하는 것이 아니고 속이 이것에 찬동하여 우리의 목적을 달하고 우리의 수치를 씻을 것을 희망한다. 더 주저하지 말지어다. 우리의 사랑하는 동포여, 호!(윤병석 교수 역)

1910년 8월로 접어들면서 한국을 강점, 병합하려는 일본의 움직임이 더욱 명확해지자 블라디보스토크를 중심으로 한 시베리아 지방의 애국 동포들은 한인학교에서 한인 대회를 개최하였다. 그리고 일제의 한국 병합을 저지하기 위한 항쟁기관으로 이상설(李相卨) 등이 주동이 된 성명회를 결성하고 취지서를 발표하면서 궐기하였다.

설립목적은 "대한의 국민 된 사람은 대한의 광복을 죽기로 맹세하고 성취한다"는 것이었다. 유인석(柳麟錫)·이범윤(李範允)·김학만(金學萬)·차석보(車錫甫)·김좌두(金左斗)·김치보(金致寶) 등 6인의 명의로 된 취지서는 이른바 한일 합방의 부당성을 각국 정부에 호소하는 것이었다.

8월 23일 오후 4시 블라디보스토크의 신문 《다리요카야 우크라이나》를 통해 합병 확정의 비보를 전해들은 한인동포들은 즉시 한인학교에 회합하였다. 비통한 분위기 속에 진행된 회의의 결의에 따라 성명회의 이름으로 "유혈적인 방법에 의하여 합병을 저지한다"는 격렬하고도 비통한 격문 1,000매를 인쇄하여 러시아와 만주 각지의 애국 동포들에게 배포하고 결사 항쟁을 호소하였다.

또한 일본 정부에는 '국제 공약에의 배신'을 나무라는 공한을 보내고 각국 정부에는 합병 무효를 선언하는 전문과 성명회의 선언서(이상설이 선언서를 기초하였고, 성명회 대표로 추대된 유인석이 보완하여 완성하였으며, 유인석·이상설 등 총 8,624명의 독립운동지사들의 서명이 첨부되었음)를 보내기로 하였다.

각국 정부에 보낸 전문 내용은 '대한일반인민총대 유인석(大韓一般人民總代 柳麟錫)' 명의의 한문으로 작성되었기 때문에 청국 정부에는 그대로 보냈으나 기타 열강에는 프랑스어와 러시아어로 번역하여 발송하였다.

그날 밤 50여 명의 성명회 청년들은 결사대를 조직하여 일본인과 거류지를 습격하기 시작하였다. 8월 25일에는 부녀자까지 가담하는 등 결사대 인원이 1,000여 명으로 증가했다. 이어 26일에는 주요 인물 50여 명이 블라디보스토크의 북쪽 인근에 있는 '친고재'에서 모임을 가지고 일본 영사관의 관할을 결사적으로 거부하기로 결의하였다.

한편 이범윤은 '두만강의 결빙기를 기다려 의병을 200명 단위의 부대로 편성, 북한 지역으로 진입시켜 총 병력 1만 명에 달하면 독립 전쟁을 전개한다'는 제의를 의결하기도 하였다. 이와 같이 성명회는 취지서 및 선언서와 각 종 격문을 인쇄·반포함으로써 간도는 물론 시베리아 지방의 한인에게까지 활동을 더욱 확대시켜갔다.

그러나 9월 11일을 기하여 일본이 러시아에 대해 항의 제기와 주동

인사들의 체포와 인도를 요구하자, 러시아 당국은 이상설·이범윤 등 성명회와 모체라 할 수 있는 13도의군(十三道義軍)의 간부 20여 명을 체포 및 수감하고 한인의 모든 정치활동을 엄금하였다. 그 결과 더 이상의 활동을 전개하지 못하고 해체되고 말았다.

5. 병탄반대 조약무효 선언

한편, 이상설은 유인석 등과 함께 8월 18일경 성명회를 조직하고 연일 집회를 열어 병탄조약의 무효를 선언하였다. 집회에 모이는 동포들의 수는 날이 갈수록 늘었고 그 열기가 뜨거웠다. 그래서 성명회를 조직하고 연일 집회를 열어 병탄무효를 선언할 수 있었다.

성명회는 〈성명회선언서〉를 각종 집회와 외국기관에 배포하고 선언서의 서명록에 8,624명의 서명을 받았다. 간도와 해삼위에 거주하는 민족주의자 대부분이 서명한 서명록이었다. 일제강점기 항일 관련 단일 문건의 거명자로는 가장 많은 숫자이다.

다음은 이상설의 이와 같은 활동을 지켜본 유인석의 『의암집』의 기록이다.

이상설이 러시아에 거주하고 있는 사람들을 대대적으로 모아 끝내 대한 백성이 될 것과 대한의 나라를 회복할 것을 맹세하였고, 1만여 명이 서명한 성명서를 각국 정부와 신문사에 보내 저 왜적의 죄를 성토하고 우리의 원통함을 밝혔다. 선생이 이것의 시행을 허락하여 선생의 성명을 가장 앞에 두었다.

이상설은 〈성명회서명서〉를 비롯하여 언론사와 구미 각국에 보내는 각종 문건에서 유인석을 가장 앞자리에 놓았다. 이는 유인석이 해외 교민들 사이에서 존경을 받고 있었기 때문인데, 더불어 이상설의 겸양이 더해진 행동이었다.

이상설이 수만 명을 대대적으로 모아 성명을 나열하여 성명서를 만들어 각국 정부와 신문사에 보냈는데, 모두 선생의 성명을 가장 앞에 두자고 하여 허락하였다(『의암집』).

성명회는 회원이 증가함에 따라 급박해지는 국내 상황을 면밀히 살피면서 활동의 영역을 넓혀 나갔다. 블라디보스토크 주재 일본 총영사가 일본 외무대신에게 보낸 정보문서에서 한국 애국지사들의 활동상의 일단을 보게 된다.

본월(8월) 17일 밤에 김익령, 최병찬, 유인석, 김학만 기타 중요한 한인 10여 명이 이범윤의 집에서 회합을 갖고 합방문제에 관하여 열국 정부 앞으로 전신으로 탄원서를 발송하기로 결의하고, 그 예산액 1,500

루블은 그날 밤에 이미 130루블 정도의 기부금이 있다.

흡사하게 미국 샌프란시스코에서(결성된) 합방 반대의 '애국동맹단' 의 성립을 통지함과 함께 가능한 한 보조를 하나로 하여 일을 이루기로 신청하였다. 다음 날 18일 오후 3시에 한인정(개척리)의 한민학교에 약 150여 명의 한인을 소집하여 전날 밤의 결의를 발표하고 일동의 동의를 구하고 협의한 끝에 새로 '명명회'라는 것을 조직하여 우건을 처리하였다.

전신을 대신하여 문서로써 일본 이외의 각 조약국에 발송하기로 결의 하고, 이범윤, 유인석, 차석보, 김학만 외 4명을 이사로, 정재관, 유진률 외 2명을 기초위원에, 서상기를 회계계에, 조장원을 사무원에, 유진률 외 2명을 유세원으로 하고, 원안은 이범윤이 이를 기초하여 그 대요를 대동신보사에서 인쇄하여 이를 각지에 배부하여 일반 한인의 동의를 구 하기로 하였다(〈기밀한 제39호〉, 1910년 8월 20일).

이상설과 해외의 애국독립지사들은 8월 22일 국망 소식을 접하면서 병탄 반대와 무효를 선언하는 〈취지서〉를 발표하고 각국 정부에 병탄 조약 반대의 전문을 보냈다. 그들은 각국 신문사에는 반대 취지를 알리 는 선언문을 보내어 정중히 게재를 요청하였다. 이와 관련하여 다음은 블라디보스토크에서 발행된 《대동신보》의 기사이다.

대한국 일반 인민의 대표 유인석 씨가 구미열국 정부에 대하여 한일 합병의 반대를 법문으로 전보함이 여좌하니라. 일본이 우리 대한에 대대로 원수뿐 아니라 조약을 체결하여 써 옴으로 여러 번 그 말을 어기어 그 공법을 패루하며 정의를 모멸한 것을 가히 이겨 말하지 못할지며 이제 또 합방의 일로써 장차 열국에 공포하려 하나 그러나 그 실상인즉 우리 대한사람의 원하는 바가 아니요 자기가 스스로 창도함이라.

만일 일본으로 하여금 과연 억지로 합방을 행한즉 동양의 평화와 희망이 장차 영원히 양렬되어 한국과 다뭇 일본의 무궁한 화가 장차 쉴 때가 없으리니 바라건대 귀 정부는 이 사상을 밝히 살피어 그 일본이 한국을 일본에 합하는 선언에 대하여 우리 전날의 우호를 돌려 생각하며 우리 큰 판의 평화 보전키를 힘써서 승인치 말기를 지극히 바라노라.

성명회의 여러 가지 문건 중 가장 중요한 〈성명회선언서〉는 병탄조약의 무효와 한민족의 자주독립을 천명하고, 8,624명의 성명록을 첨부한 방대한 내용으로 1910년 8월 23일 발표되었다. 이 선언서는 이상설이 한문으로 기초하고 유인석이 약간 수정 윤문한 것이다.

이 문건은 프랑스어로 번역돼 과거 대한제국과 조약을 체결했던 미국, 영구, 프랑스, 러시아, 중국 등 각국 정부에 8월 26일경에 발송하였다. 서명록은 유인석, 이범윤, 김학만, 이상설의 순위로 1매에 77명씩 총 112매에 8,624명이 서명한 방대한 문서로 마련되었다. 프랑스어로 작성한 이 문건은 미 국무성에는 1910년 10월 29일 접수되었다(현재 이 문서는 워싱턴 국립문서보관소에 소장돼 있다).

6. 니콜리스크에 유폐당해

한일합병 이후 일제는 러시아 정부에 강력하게 압력을 가하였다. 러시아 연해주 지역 한인의 항일운동을 봉쇄하고자 하는 목적에서였다. 이에 러시아 정부는 9월 11일 이후 일제의 간섭 아래 성명회 등 한인 단체를 탄압하기 시작했다. 급기야 9월 12일 블라디보스토크의 러시아 경찰은 이상설 등 한인독립운동가 42명을 검거하여 유배시켰다.

이상설은 니콜리스크(현재의 우수리스크)로 끌려가 유폐되었다가 이듬해 석방되고 이범윤, 김재두, 권유상 등은 바이칼호 부근의 이르쿠츠크로 끌려가 7개월 동안 유폐되었다. 한인 지도자들의 수난을 유인석은 〈여일반동포〉라는 글에서 다음과 같이 기술하였다.

국내에서 합병의 급보가 나와 그 화는 차마 말할 수 없는 데까지 이르고 국외에서는 러시아와 일본의 협약이 이루어져 사태가 중하고 시기가 급하여 계략을 쓸 바가 없다가 곧 급보로 청국과 러시아 및 각국 정부에 합병 무효를 말하여 승인하지 말 것을 바랐다. 이어서 1만여 인이 왜적의 죄악을 성토하고 한국의 원한을 선명하여 성과를 바랐다. 그리고 이곳의 국민이 결약하여 왜적의 절제를 죽어도 받지 않기로 하였다. 그러나 몸이 사로잡히는 궁한 지경에 이르렀으니 그 운명이 애달프다.

9장

권업회 창설과
《권업신문》 발행

1. 권업회 창설

이상설은 1911년 유배지 니콜리스크에서 풀려나 다시 블라디보스토크로 돌아왔다. 아무리 시대상황이 변하고 정세가 바뀌어도, 포기할 수 없는 그의 사명이고 함께할 운명은 나라의 국권을 회복하는 일이었다. 한편, 러시아는 제1차 세계대전을 앞두고 일제와 한패가 되었다. 영원한 적도 영원한 친구도 없다는, 국제 사회의 어처구니없는 규칙대로 된 것이었다.

이상설은 러시아 당국의 냉대와 탄압 속에서도 국권회복의 새로운 방략을 강구하였다. 그것이 권업회의 발족이다. 1911년 5월 20일 블라디보스토크 신한촌에서 57명의 민족주의자들이 모여 새로운 독립운동의 기관으로 권업회를 창설하였다.

권업회는 이종호(李鍾浩)·김익용(金翼瑢)·강택희(姜宅熙)·엄인섭(嚴仁燮) 등 재연해주(在沿海州) 민족운동 지도자들이 1911년 5월에 결성하였다.

초대 회장에 최재형(崔才亨), 부회장에 홍범도(洪範圖)가 선임되었으며, 러시아 당국의 공인을 얻어 활동하였다. 같은 해 12월 총회에서 회칙을 개정하여 회의조직을 의사부(議事部)와 집행부(執行部)로 나누었다.

의사부는 총회에서 선출한 3~9명의 의사원으로 구성하며 의사부의 의장과 부의장이 회를 대표하기로 하였다. 그리하여 의장에 이상설(李相卨), 부의장에 이종호가 선임되어 회무를 총괄하였다. 집행부는 신문부(新聞部) 등 13개부로 나누어 업무를 분장하게 하였다.

창립 이후 회세를 확대한 결과 1913년 10월 회원이 2,600여 명에 달하였으며, 1914년에는 8,579명으로 증가하였다. 1910년대 초 재연해주 항일 독립운동의 중심 기관으로 민족정신의 고취, 항일 독립운동의 전개, 교민의 단결과 지위 향상 등에 노력하였다.

그리고 각종 기념일에 행사나 강연회를 개최하여 애국심을 고취하였다. 그러나 1914년 6월 대일 외교관계 악화하여 일본의 요구를 받아들인 러시아 당국에 의해 강제로 해산되었다. 권업회의 전통은 1917년 결성된 전로한족중앙회(全露韓族中央會)로 이어졌다.

일제와 러시아 당국의 탄압을 피하기 위해, 한국인에게 '실업을 장려한다'는 뜻으로 권업회로 명칭하였다. 그렇지만 진정한 목적은 어디까지나 강력한 항일 운동을 전개하는 데 있었다. 당시 임원은 각 지방의 한민회(韓民會) 등 한인 비밀결사 단체의 임원을 겸하고 있었기 때문에, 각 단체는 상호 밀접한 유대를 지닐 수 있었다.

그러므로 권업회의 활동 목표는 곧 각 단체의 활동 목표가 되었던 것이다. 또한 효과적인 활동을 전개하기 위해 기관지로서 《권업신문》을 발간하였는데, 재연해주 한인의 대변지로서 항일 민족정신을 높이는데 큰 구실을 하였다.

중앙 본부는 신한촌에 두었으며, 하바로프스크를 비롯한 주요 도시에 지회(支會)와 분사무소(分事務所)를 두었고, 회원은 남녀·신앙·교육의 구별 없이 21세 이상의 성인이면 누구나 가입할 수 있었으나, 실제로는 회원을 신중하게 엄선하여 가입시켰다.

즉, 회원이 되기 위해서는 3인 이상의 보증인이 연서한 입회 원서를 의사부에 제출해야 하며, 입회 원서 제출자가 50인에 달하면 의사부는 정기 총회나 임시 총회를 소집하여 입회 원서를 심사하였다. 그리고 입회 허가를 얻은 자는 의사부 의장이 주재하는 엄숙한 입회 의식을 치러야 했다.

마치 비슷한 시기 우당 이회영 일가 등이 북만주 삼원보에서 신흥무관학교를 세우면서 '신흥학교'라는 간판을 내건 것과 유사한 경우였다. 권업회는 13도의군과 성명회 등에 참여했던 인사들이 대부분이었다. 권업회는 실제로 동포들의 생업과 협동에도 많은 기여를 하였다.

권업회는 다방면에서 국권회복의 방략으로 여러 가지 사업을 폈다. 수백 호의 한인을 모아 집단이주지를 곳곳에 만들고, 독립운동가 양성을 위해 신한촌의 한인학교를 확대 신축하는 한편, 한인 마을 여러 곳에 새로 학교를 세워 민족교육을 실시하였다.

1912년에는 기관지로 《권업신문》을 창간하여 항일투쟁의 매체로 삼고, 1914년에는 중국 길림성 왕청시 나자구에 독립군 장교 양성을 목적으로 사관학교인 대전학교를 세웠다.

권업회는 총회와 의사부에서 의결된 사업을 집행하는 집행부를 두었는데 집행부서의 면모를 통해 이상설이 주도한 권업회 사업이 실상을 어느 정도 짐작할 수 있다.

의장이 총람하고 총무가 사무를 총괄하는 이 집행부는 마치 국무를 분담하듯이 13개의 부서를 두고 각 부서는 부장과 2명의 부원을 두어 업무를 분담하였다. 이들 각 부에서 분담 진행하는 사항은 어떤 것이든지 의사부에 제출하도록 하여 의사부 우위의 운영체제를 확립하였다. 권업회는 두 차례에 걸친 총회에서 이와 같은 중앙조직을 끝내자 곧이어 한인이 많이 거주하는 연해주 각 시와 지방에 걸쳐 지회와 분회사무소를 설치하여 한인 사회를 효과적으로 조직하였다.

2. 《권업신문》의 창간

▼ 권업신문

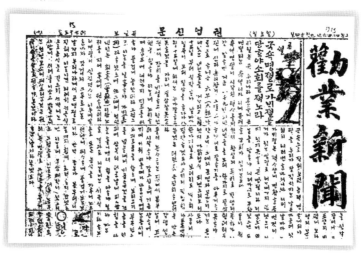

　권업회는 《권업신문》의 발행 등으로 회세가 크게 확장되어 회원이 1913년 10월에는 2,600명, 1914년에는 8,579명에 달할 만큼 러시아령과 만주 일대 교민들이 대거 참여하였다. 대표적인 사업의 하나는

《권업신문》의 발행이었다. 권업회의 기관지로 1912년 5월 5일 창간호를 낸 《권업신문》은 이상설의 주도로 러시아 지역에서 발행된 대표적인 민족지였다.

《권업신문》은 1912년 4월 신채호(申采浩)·김하구(金河球) 등에 의하여 권업회(勸業會)의 기관지로 창간되었다. 주필은 신채호, 발행인은 러시아인 주코프(Jukov)가 맡았다. 그리고 당시 러시아어에 유창한 한동권(韓東權)이 신문의 러시아어 번역을 담당하였다.

처음에는 일제의 압력을 피하기 위하여 발행인을 러시아인으로 하였으나, 일제의 압력은 계속되어 1914년 9월 일제의 간책에 의하여 러시아 정부로부터 발행금지를 당하였다. 신문의 체재와 간행형식은 잘 알려지지 않고 있으나, 부정기적으로 간행된 것으로 추측된다.

러시아인을 발행인으로 한 것은 한말 국내에서 《대한매일신보》를 발행할 때 영국인 베델을 옹립함으로써 일제의 탄압으로부터 보호하고자 하는 시도와 같은 것이었다.

신문의 판형은 석판이고 주1회 1,400부씩 4면으로 일요일에 발행하였는데 순한글로 간행되었다. 창간 당시 주필은 《권업보》의 주필이었던 신채호가 맡고 최병숙, 윤해, 김하구, 장도빈 등이 경영과 논설위원 등으로 참여하였다. 신채호가 1912년 8월 국치 2주년을 맞아 쓴 〈시일〉이란 논설에서 《권업신문》의 논지를 읽을 수 있다. 이상설의 생각이기도 했을 것이다.

비재 단군개국 4245년 9월 29일 시일에 아 4,000년의 역사가 단절 되고 3,000리 강토가 멸망하여 2,000만 동포가 노예가 되니, 천지일월 이 암담하고 산천초목은 자연히 비수하여 전도의 광명이 일거에 장거된 바와 같도다. 차일에 적주 목인이 데라우치 마사타케를 파견하고 수만 의 왜병을 배치하여 매국노 이완용, 송병준 등을 농락하여 병합을 선언 하니 아 조국의 황실을 신으로 하고 아 민족을 구축하여 강학에 함몰시 킨 것과 같도다(《권업신문》, 1912년 8월 29일자).

《권업신문》 역시 러시아 지역은 물론 만주와 국내에까지 비밀루트를 통해 보급되면서 국내신문이 하지 못한 항일논조를 격렬하게 펴고, 해 외 교민들의 민족정신을 함양하는 데 크게 기여하였다.

《권업신문》은 일제가 러시아 정부에 압력하여 1914년 8월 30일 제 126호를 마지막으로 문을 닫게 되었다. 일제는 눈엣가시와 같았던 《권 업신문》을 폐간시키고자 러시아 정부에 갖은 압력을 다 했다. 이상설은 신문을 지키고자 노력했으나 러일 두 정부의 협력구도에서 역부족이었 고, 주필이었던 신채호는 상해로 떠났다.

3. 내부갈등과 사이비 애국자들

　이상설의 광복운동은 날이 갈수록 장애가 겹쳤다. 제1차 세계대전의 발발과 함께 러시아와 동맹국이 된 일제의 군경은 이때까지 한인독립운동의 전진기지 역할을 해온 블라디보스토크에까지 들어왔다. 따라서 탄압과 방해가 날로 더했다. 연해주의 한인사회는 차츰 출신 지역을 바탕으로 파벌이 형성되어 국권회복운동보다 파벌이기주의가 세를 얻어갔다. 국치를 전후하여 시베리아의 한인은 20여만 명을 헤아리게 되었다. 그러다보니 지방색과 더불어 다양한 인맥이 형성되고 내부갈등까지 겹쳐 동포들을 분열, 이간시켰다.

　을사년을 전후하여 항일망명자와 남북에 걸친 이민이 늘어났는데, 가장 많은 비율이 함경도 출신이요 그다음이 평안도, 그리고 나머지가 남한 출신이었다. 사상적 측면에서 이들은 이주의 전후에 따라서 본국에 대한 민족국가 관념의 차이가 컸고, 남도 출신과 북도 출신의 지방색 대립은 보다 격화되었다. 게다가 그들은 러시아 제1차 혁명의 3년 풍진을 겪고난 사람들이었으므로 러시아 민중을 지배한 것이 제정 반대의 사회 민주주의임을 알고 있었다.

말하자면 사상적으로 어지간히 혼탁된 한인 사회였던 것이다. 여기에 당장 국내 진공을 주장하는 의병들도 섞여서 어느 모로 보나 단결되기 어려운 한인 사회를 이루었다(윤병석, 「이상설 선생의 생애와 독립운동」, 『나라사랑』).

선생은 (…) 북부사람들을 융화시켜 독립운동을 전개하려고 노력했다. 그런데 함경도에서 러시아령 블라디보스토크로 건너온 북부 사람들은 우리나라 남부에서 건너온 남도인들과 상종하기를 꺼려 하고 자기들끼리만 협조하는 등 지방색이 강해 동족 간에 종종 알력을 빚었는데, 이상설 선생은 이들을 단합시켜 러시아령에서 국권회복운동을 전개하고자 꾀했던 것이다.

이상설 선생은 동족 간의 융화를 다지기 위한 방책으로 중매를 서서 남부 출신의 남자와 함경도 출신의 여자를 결혼시키기까지 했다. 그러나 이상설 선생의 이러한 노력에도 불구하고 남도인에 대한 함경도인의 적대감은 해소되지 않았으며, 선생은 조국을 잃고 이역으로 흘러온 동포들이 서로 다투는 것을 보고 울분을 억누르지 못해 위트카를 마시고 취하면 한인촌을 한 바퀴 돌며 스스로 심사를 달래곤 했다(이용화, 「항일투쟁의 원로 이상설 선생」, 『나라사랑』).

계속해서 가해지는 일제의 압력을 견디다 못한 러시아 당국은 이상설, 이범윤, 김좌두, 이규풍 등 독립운동 지도자 7명을 체포하여 이르쿠츠크로 추방하였다. 이 사실로 미루어 보면 이상설의 성명회 동지는 그와 동시에 체포된 이범윤 등으로 생각된다. 성명회는 이상설 등의 체포, 투옥, 추방으로 긴 활동을 하지 못하고 단명으로 끝나고 말았다.

러시아 당국은 1911년 이르쿠츠크에서 이상설을 석방하였고 그는 다시 블라디보스토크로 돌아왔다.

이상설은 옛 동지들을 불러 모아 내외정세를 검토하면서 다시금 기회를 노렸다. 그러나 이상설에게는 이미 경제적인 힘이 따라주지 않았다. 원래 이상설은 명문부자였으나 조국을 떠날 때에 자재를 모조리 매각하여 그 돈으로 그때까지 공사 간에 소비하여 왔기 때문에, 이 무렵에 이르러서는 그 자신이 경제적 곤란을 받게 되었다.

문제는 이것뿐만이 아니었다. 이상설을 찾아오는 그곳이 인사들은 각양각색으로서 도무지 의견이 맞지 않았다.

이상설은 날이 갈수록 동포 간의 불협화음이 심해지고 여기에 지역색이 심화되자 1913년 5월 신한촌의 한 교포 집에서 이동휘, 이종호, 이강, 이갑, 정재관 등과 모여 "조국의 부흥을 보기 전에 사당을 만들어 동포를 상호 반목시키는 자는 동지가 함께 단결하여 군부의 원수로 삼는다"는 결의를 하였다.

1913년 12월 초순경 《권업신문》의 주필직을 사퇴하고 활동을 중단하고 쉬고 있었던 이상설이 결정적으로 권업회, 대한광복군정부와 일체의 관계를 단절하게 된 계기가 발생했다. 하바로브스크에서 발행되고 있던 러시아 신문에 이상설에 관한 기사가 보도된 사실 때문이었다. 이 신문은 이상설이 "최근 일본인의 간계에 속아 동지 신문인 주필을 그만두고 러시아 및 재외 선인의 내정을 일본인에게 밀고하려는 것"이라고 보도했던 것이다.

이상설은 이 신문이 보도한 기사에 크게 놀랐다. 그러고는 이 모든 것이 이종호의 간계에 의한 것이라고 분개하고 "장래 북파와는 화해하지 않을 것"이라고 하면서 곧바로 하바로브스크로 떠나가고 말았다.

이상설은 아무런 변명도 하지 않고 일체의 공직을 내놓고 블라디보스토크를 떠나 하바로브스크에서 한의업을 경영하는 장호문의 집으로 거처를 옮겼다.

이때 비창한 단시를 남겼다.

> 나라를 잃어 나라를 울고
> 집을 떠나 집을 울고
> 이제 몸 둘 곳조차 잃어
> 몸을 우노라.
>
> ─강상원, 『이상설 선생 약전』

10장

마지막 투혼을 불태우다

1. 대한광복군정부 수립

　1911년 6월 1일 러시아와 일제는 〈러일범죄인인도조약〉을 체결하였다. "정치상 제도 기관 또는 공공의 안녕에 반항하여 인심을 선동하고 또 음모를 계획한 근거지로서 사용하는 것을 방지하기 위하여 사정이 허락하는 한 필요한 조치를 취한다"는 내용이 담겼다. 일제가 재러 한국 독립운동가들을, 러시아는 일본에 있는 자국의 정치적 망명가들을 탄압하고자 체결한 조약이다.

　제2차 세계대전이 발발하기 전 한인 독립운동가들은 러일전쟁 10주년이 되는 1914년에 러시아 정부가 10년 전의 패전을 설욕하는 대일 보복전에 나설 것을 기대하였다. 실제로 시베리아 주둔 러시아군 측에 의해 그 같은 소문이 나돌았다. 아무르 철도의 준공이 그해 말에 예정되어 있어서 소문을 뒷받침해주었다. 중앙의 대규모 병력이 철도를 통해 이동할 것으로 기대한 것이다.

　1914년은 러일전쟁 10주년이자 한인의 시베리아 이주 50주년이 되는 의미 깊은 해였다. 이상설은 이 같은 시점을 노려 대한광복군정부를 수립하여 러시아와 함께 대일전을 펴고자 하였다.

대한광복군정부는 1911년 항일독립운동을 목적으로 조직된 권업회(勸業會)가 광복군을 양성하기 위해 1913년 대전학교(大甸學校)라는 사관학교를 설립, 운영하면서 시작되었다.

러시아의 극동총독과 교섭하여 광복군 군영지(軍營地)를 조차하는 한편, 광복군 양성을 위한 비밀결사인 양군호(養軍號)와 해도호(海島號)를 운영하였다. 그 결과 1914년 권업회 의사부 신임의장 이상설(李相卨)이 블라디보스토크를 중심으로 시베리아 전역에 훈련받은 무장 병력 약 3만여 명을 확보한 것으로 추정된다.

그런데 1914년은 러일전쟁 10주년이 되는 해로, 러시아에서는 러일전쟁의 패배를 설욕하겠다는 분위기가 팽배하여, 개전설이 나돌았다. 이에 발맞추어 권업회는 시베리아와 만주, 미주에 널리 퍼져 있는 무장력을 갖춘 각 독립운동 단체를 모아 독립전쟁을 구현할 대한광복군정부를 수립한 것이다.

또한 이 해는 우리나라 사람이 시베리아에 이민 온 지 50주년이 되는 해이기도 하여, 이를 크게 기념하기 위한 기념대회를 준비하고 있었다. 그러므로 많은 군자금을 모금할 수 있을 것이라는 생각도 정부 수립에 영향을 미쳤을 것이다.

정부 수립은 권업회 중심 회원인 이상설·이동휘(李東輝)·이종호(李鍾浩)·정재관(鄭在寬) 등이 주도하였으며, 이상설·이동휘가 각각 정·

부통령에 피선되었다. 산하에 편성된 광복군 규모는 정확히 알 수 없다.

　　그러나 일본 군경에 압수당한 독립운동 관계 문서에 의하면, 1914년 당시 이상설 주관하에 있던 시베리아 병력을 제외하고도 만주 길림(吉林)에 26만 명, 무송현(撫松縣)에 5,300명, 왕청현(汪淸縣)에 1만 9,507명, 통화(通化) · 회인(懷仁) · 집안(集安) 지역에 39만 명, 미국에 855명 등의 한인이 훈련을 받고 무장을 갖추었다고 되어 있다. 그런데 이들 가운데 상당수가 산하에 편성되었을 것으로 추정된다.

　　수립 뒤 국외의 모든 독립운동을 주도하면서 독립전쟁을 준비하였다. 그러나 같은 해 8월 제1차 세계대전이 일어나자 일본과 공동방위체제를 확립한 러시아 정부에 의해, 러시아 내에서 우리나라 사람의 모든 정치 · 사회 활동이 금지되었다. 그리고 9월 정부 수립의 모체가 된 권업회가 해산을 당하자 큰 타격을 받아 더 이상 활동을 못하고 해체되었다.

　　한편, 이상설은 이동휘, 이동녕, 이종호, 정재관 등 민족운동 지도자들과 권업회 조직을 기반으로 연초에 신한촌에서 대한광복군정부를 수립하고 자신은 정도령, 이동휘는 부도령에 선임되었다.

　　이상설은 이 지역에서 막강한 권한을 가진 러시아의 콘지다스지 극동총독과 우호적인 관계를 유지하였다. 총독은 망명객 이상설의 능력과 인품을 존경하여 여러 가지 편의를 봐주었다. 시베리아 동북 레나 강 상류에 넓은 군영지를 무상으로 조차하고 군대의 막사와 교관까지도 러시아 당국에서 제공해주기로 약속하였다.

　　다만 소총과 소경구포 등 무기류는 상급기관의 소관이어서 무상으로 지원받을 수 없었다. 그 대신 총독은 이상설에게 매달 100원씩의 생활비를 수년 동안 지원해주었다. 이에 대해 이상설은 콘지다스지 총독에게 출중한 고문이 되어 주었다. 이상설은 때때로 해박한 지식과 예리한 판단으로 열강이 극동정책과 일본의 팽창정책의 득실을 콘지다스지에게 들려주었고 국제 정세의 변화에 대한 그의 견해를 설명하기도 하였고, 무엇보다 한국 독립의 지원을 청하기도 하였다.

이와 같은 위치에서 이상설은 동지들과 더불어 대한광복군정부를 수립하고 군사체제를 중심으로 일제와의 대회전을 준비하였다.

그렇게 회(권업회)가 대진행한 중에 기원 4247년 갑인(1914)에 제하여 아국 경성으로부터 각 지방을 통하여 아일전쟁(러일전쟁) 10년 기념회 된 결과로 복수열이 절정에 달하여 다시 개전될 조짐이 비조비석에 재함에 이상설, 이동휘, 이동녕, 이종호, 정재관 제씨 주모로 아중(러시아와 중국) 양령에 산재한 동지를 대망라하여 대한광복군정부를 조직하고 정도령을 선거하여서 군무를 통일케 하니 첫째는 이상설 씨요, 그 다음은 이동휘 씨가 되었다. 군대를 비밀리에 편성하고 중국령 나자구에는 사관학교까지 설하였다(계봉우, 〈아령실기〉).

3·1혁명 이후 국권회복을 위해 국내외에서 몇 개의 임시정부가 수립되었다. 1919년 한성정부와 상해임시정부가 대표적이다.

한성정부는 1919년 3월 초 이교헌(李教憲)·윤이병(尹履炳)·윤용주(

尹龍周) · 최전구(崔銓九) · 이용규(李容珪) · 김규(金奎) 등이 이규갑(李奎甲)에게 임시정부의 수립을 제의하였다.

이들의 권유로 각 방면의 대표들이 4월 2일 인천 만국공원에 모여 임시정부를 수립, 선포할 것을 결정하였다. 여기에 참석한 사람은 천도교 대표 안상덕(安商德), 예수교대표 박용희(朴用熙) · 장붕(張鵬) · 이규갑, 유교대표 김규, 불교대표 이종욱(李鍾郁) 등 20명이다.

4월 중순에 안상덕 · 현석칠(玄錫七) 등의 발기로 국민대회를 소집하기로 하여 13도 대표를 서울 서린동 봉춘관(逢春館)에 모아 협의하였다.

그 결과 간부 현석칠 · 안상덕 등과 학생 김사국(金思國) · 장채극(張彩極) · 김옥결(金玉玦) 등이 서울에서의 국민대회 개최를 준비하기로 하였다. 그 날 임시정부 각원을 선거하기로 하였다.

4월 23일 봉춘관에 '국민대회(國民大會)' 간판을 걸고, 임시정부 선포문과 국민대회 취지서, 결의사항, 각원 명단과 파리강화회의 대표, 그리고 6개조로 된 약법(約法)과 임시정부령 제1 · 2호를 발표하였다.

임시정부 선포문에서 "(…) 아민족은 세계만방에 대하여 조선의 독립이오 조선민족의 자유민임을 선언하고 아울러 전 민족 의사에 기하여 임시정부의 성립되었음을 자에 포고한다"고 하였다.

국민대회 취지서에서 "3 · 1독립선언의 권위를 존중하고 독립의 기초를 공고히 하여 인간 필연의 요구에 보답하게 하기 위해 이에 민족일치의 동작으로써 대소의 단결과 각 지방대표자들로서 분회를 조직해 이를 세계에 선포한다"고 하였다.

결의사항으로 ① 임시정부 조직, ② 일본의 조선통치권 철거와 군대의 철퇴 요구, ③ 파리강화회의 대표 선정, ④ 일본관청의 관공리 퇴직, ⑤ 납세 거절, ⑥ 일본관청에 청원급 소송 금지 등을 결의하였다.

　각 원으로 집정관총재(執政官總裁) 이승만(李承晚), 국무총리총재 이동휘(李東輝), 외무부총장 박용만(朴容萬), 내무부총장 이동녕(李東寧), 군무부총장 노백린(盧伯麟), 재무부총장 이시영(李始榮), 재무부차장 한남수(韓南洙), 법무부총장 신규식(申圭植), 학무부총장 김규식(金奎植), 교통부총장 문창범(文昌範), 노동국총판 안창호(安昌浩), 참모부총장 유동열(柳東說), 참모부차장 이세영(李世永), 그리고 파리강화회의 대표로 이승만 · 민찬호(閔瓚鎬) · 안창호 · 박용만 · 이동휘 · 김규식 · 노백린 등을 선임하였다.

　약법(約法)은 제1조 국체(國體)는 민주제를 채용함, 제2조 정체(政體)는 대의제(代議制)를 채용함, 제3조 국시(國是)는 국민의 자유와 권리를 존중하고 세계평화의 행복을 증진하게 함, 제4조 임시정부는 일체 내정, 일체 외교의 권한을 가짐, 제5조 조선국민은 납세 · 병역의 의무가 있음, 제6조 본 약법은 정식국회를 소집하여 헌법을 발표할 때까지 적용함 등이다.

　그리고 임시정부령 1호는 납세를 거절하라, 2호는 적의 재판과 행정상 모든 명령을 거절하라는 등의 내용으로 되어 있다.

　한성정부는 연합통신(UP)에 보도되었기 때문에 국제적으로 더욱 선포 효과가 있었다. 이것은 이 정부가 서울에서, 그것도 '국민대회'라는 국민적 절차에 의해 조직되었다는 점과 더불어 뒷날 여러 정부의 통합 과정에서 정통성을 가지게 되는 중요한 구실을 하였다.

또한 상해임시정부는 3·1운동 직후인 1919년 4월 조국 광복을 목표로 중국 상해에서 조직된 임시정부이다. 3·1운동 이후 국내외에는 상해임시정부를 비롯해 러시아의 대한국민의회정부, 천도교 중심의 대한민간정부, 한성임시정부 등 다양한 임시정부가 조직되어 활동을 펼쳤다. 이 가운데 국내 13도를 대표했던 한성임시정부와 러시아의 대한국민의회를 통합해 공식적인 대한민국의 임시정부로 나선 단체가 바로 상해에서 조직된 임시정부이다. 대한민국 임시정부는 크게 상해 시대(1919~32)와 이동 시대(1932~40), 중경 시대(1940~45)로 구분되는데, 이 가운데 임시정부의 근간을 만들고 그 역할이 가장 두드러진 때가 바로 상해 시대이다. 이 시기 교통과 군사, 외교와 교육, 재정과 사법 등 모든 분야에 걸친 광복정책을 전개하며 뿌리를 내렸다.

블라디보스토크에서 수립한 대한광복군정부는 이들보다 5년 앞서 러시아령과 만주 지역의 독립운동가들에 의해 수립된 국망 이후 최초의 임시정부(망명정부)인 셈이다.

광복군정부는 중국과 러시아 양령의 한인 연합대표회를 블라디보스토크에서 개최하고 건립한 비밀조직으로 당면 목표를 일조 유사시 민활한 군사적 활동을 효과적으로 수행하기 위하여 광복군을 편성하고 있던 연해주와 서북간도에 3개 군구를 설치하였다.

정부 소재지인 연해주에 제1군구를 두고 북간도를 제2군구, 서간도

를 제3군구로 확정하였고 모든 광복군의 통제 지휘는 정도령이 맡아 행
사하도록 하였다.

2. 임시정부의 해산

　대한광복군정부는 곧이어 발발한 제1차 세계대전으로 러시아 정부에 의해 강제로 해산됨으로써 그 조직과 활동에 대한 자료가 거의 남아 있지 않다. 다만 일제 군경의 정보자료에 3개 군구의 설치와 병력 등 일부 자료가 남아 있다.

　대한광복군정부는 군대편성과 훈련을 중점 사업으로 추진하였다. 시설은 기존의 대전학교 등을 활용하였다. 대전학교의 군가 가사에서 학도들의 호국열정을 느낄 수 있다.

　　1. 백두산과 넓고 넓은 만주 뜰들은
　　　건국영웅 우리들의 운동장이요
　　　거름 거름 대를 지어 앞을 향하여
　　　활발히 나아감이 엄숙하도다.
　　2. 대포소리 앞뒤 산을 둥둥 울리고

총과 칼이 상설 같이 맹렬하여도

두렴 없이 악악하는 돌격소리에

적의 군사 공겁하여 정신 잃는다.

(리영일, 「리동휘 성재 선생」, 『한국학 연구5』)

　　다음은 대한광복군정부의 책임비서 역할을 하고 훗날 임시정부에서 활동했던 언론인, 역사학자 계봉우의 기록이다.

　　그 당시에 제1차 세계대전이 발발하지 않았다면 러시아에서 일본에 대한 복수열이 조만간 일어날 기미가 보이었던 것이다. 그래서 조선인은 중아(中俄) 양령의 연합대표회를 해항에 소집하고 '대한광복군정부'라는 비밀조직이 있게 되었다.

　　군사적 행동의 필요가 있는 경우에는 민활한 수단을 취하기 위하여 중아 양령을 3개의 군구로 분정하였는데 아령은 제1군구로, 북간도는 제2군구로, 서간도는 제3군구로 지정하였다.

　　거기에 대한 통제권은 정도령에 파악하였고 그 직위에는 이상설이 당선되었나니, 이것은 군사적 통일기관을 형성함에만 깊은 의의가 있을 뿐이 아니다. 재래의 분파심, 자세히 말하면 기호파니, 서도파니, 북도파니 하는, 그런 지방 적 편견을 아주 근절하려는 거기에 더욱 의의가 있었던 것이다(계봉우, 『조선력사』).

대한광복군정부는 얼마 후 정도령에 이동휘를 선임하였다. 이동휘는 1911년(또는 1912) 가족과 함께 중국 동북지방 북간도로 망명했다. 여기에서 간도국민회의 결성(1912), 나자구무관학교(羅子溝武官學校)의 설립(1914)에 참가했다가 일본관헌의 추적을 받고 마침내 1915(또는 1913)년 러시아령 블라디보스토크로 옮겨갔다. 블라디보스토크에서 권업회(勸業會) 활동에 참가한 그는 일본 측 모함으로 제정 러시아로부터 독일의 첩자로 몰려 한때 체포되었으나 러시아 혁명 후 석방되었다. 러시아의 10월혁명 성공에 고무된 그는 특히 일본의 시베리아 출병문제와 관련하여 러시아 혁명에 대한 옹호와 협조가 곧 조선독립 달성의 길이라 생각하게 되었고, 1918년 김립(金立) · 유동열(柳東說) 등 러시아에 귀화하지 않은 조선인 및 김알렉산드라 · 오하묵(吳夏默) 등 귀화한 조선인들과 함께 한인사회당을 조직했다.

일본의 시베리아 출병과 백위파 정권의 시베리아 지배권 장악으로 한인사회당의 활동이 저지되었으나 본국에서의 3 · 1운동의 폭발을 계기로 다시 활동하게 되었고, 상해임시정부와 블라디보스토크에 성립된 대한국민회의 통합과정에서 한인사회당이 주도적으로 참여하여 이동휘가 '통합' 임시정부의 국무총리, 김립이 국무원비서장이 되었다.

한인사회당의 상해임시정부 참여 자체가 이 정부를 민족혁명의 대표기관으로 삼으려는 하나의 방향 전환이었으며, 또 이 정부를 좌우익 '통합' 정부가 되게 하기도 했다.

상해로 옮겨온 이동휘 등 한인사회당 세력은 1920년 국제공산당이 파견한 대한국민의회 부회장 김만겸(金萬謙) 등과 함께 고려공산당을 조직했고, 이무렵 이르쿠츠크에서도 또 하나의 고려공산당이 조직되었다. 전자가 세칭 상해파 고려공산당이고 후자가 이르쿠츠크파 고려공산당이다.

이보다 앞서 소련정부는 좌우익 '통합' 정부로서의 상해임시정부에 200만 루블을 원조하기로 하고 1차로 40만 루블을 보내왔다. 그러나 이 무렵에는 임시정부의 '통합' 정부적 성격에 차질이 생겼고 따라서 이 자금의 사용을 한인사회당 세력이 주관하려 함으로써 물의가 빚어졌다. 1920년 중엽에 와서 이승만퇴치운동을 벌인 국무총리 이동휘는 임시정부 자체에 대한 격렬한 비판적 여론을 배경으로 소련과의 관계강화에 의한 무장투쟁 전개를 목적으로 임시정부의 전면적 개편을 주장하고 나섰다.

같은 해에 임시정부와 소련정부 사이에 소련정부의 한국독립군 양성 원조, 임시정부의 공산주의 선전을 주요내용으로 하는 공수동맹(攻守同盟)이 체결된 것도 이와 같은 활동의 일환이었다. 그러나 임시대통령 이승만을 추종하는 친미외교독립론자들에 의해 이동휘의 주장은 거부되었고 결국 1921년초 이동휘 세력은 임시정부를 탈퇴했다.

이로써 한인사회당 세력과 이승만 · 안창호 등 우익세력의 연합에 의해 성립된 '통합' 정부로서의 임시정부는 약 1년여 만에 그 성격이 바뀌고 말았다.

대한광복군정부가 지도체제를 갖추어 나가는 와중에 제1차 세계대전의 발발과 함께 러시아 정부의 탄압으로 1914년 8월에 이르러 더 이상 활동을 못한 채 막을 내리고, 이동휘는 대한광복군정부 소재지를 간도 방면으로 은밀히 옮겨 활동을 이어갔다.

3. 신한혁명당의 창설

    러일동맹과 제1차 세계대전으로 전시체제가 된 러시아에서는 더 이
상 국권회복운동이 불가능하다고 판단한 이상설은 전략을 바꾸었다.

    비교적 활동이 자유롭고 교통의 요충지인 상해를 새로운 독립운동의
거점으로 택한 이상설은 1915년 3월경 상해로 건너왔다. 이곳에서는 이
미 박은식과 신규식 등이 영국조계에서 배달학원을 설립하여 독립운동
을 하고 있었다.

    때를 같이하여 중국 성도에서 조성환, 북경에서 성낙형, 시베리아에
서 유동열, 국내에서 유홍열과 이춘일 등 민족운동가들이 속속 상해로
모였다. 사전에 비밀리에 연통한 것이다. 뜻을 같이한 이들은 신한혁명
당을 조직하고 본부장에 이상설, 감독에 박은식을 선임하였다.

    1915년 3월 북경에 있던 성낙형(成樂馨)·유동열(柳東說) 등 독립 운동
자들이 상해로 가서 박은식(朴殷植)·신규식(申圭植) 등 동제사 간부와
이상설(李相卨)·이춘일(李春日)·유홍렬(劉鴻烈) 등을 만나 신한혁명당

의 조직을 협의하였다.

그들은 제1차 세계대전이 독일의 승리로 끝날 것이고, 종전 뒤 독일은 연합국의 일원인 일본을 공격할 것이며, 이때 일본과 원한이 깊은 중국은 독일과 함께 일본을 공격할 것이라고 향후의 세계정세를 전망하였다. 그리고 바로 그 시기를 조선이 독립할 기회로 보았다.

그런데 독일·중국과 긴밀한 연락을 위해서는 독일과 중국이 제정체제(帝政體制)이므로 공화정치를 표방해서는 목적을 달성하기 어려울 것이라고 보았다. 그래서 우선 제정체제를 표방하고 고종을 내세울 필요가 있다는 데 의견을 모았다.

동제사 간부들이나 유동열 등이 이미 공화주의자로 변신하고 있었음에도 이처럼 제정체제를 표방한 것은 일종의 임시 방편책이었다. 그런데 명문 양반 가문 출신인 성낙형이 이를 주장한 것을 보면, 그는 신한혁명당 결성에 주도적 구실을 한 것으로 보인다.

본부는 북경에 두고, 지부는 중국의 상해·한구(漢口)·봉천(奉天)·장춘(長春)·안동현(安東縣)·연길부(延吉府), 국내의 서울·원산·평양·회령·나남 등지에 두었다. 고종을 당수로 추대하고 본부장에 이상설이 추대되었고, 외교부장은 성낙형, 교통부장은 유동열, 재정부장은 이춘일, 상해지부장은 신규식, 감독은 박은식, 장춘지부장은 이동휘(李東輝) 등이 각각 맡았다.

이들은 두 가지 활동 방침을 세웠다. 하나는 전쟁이 일어날 경우 중국을 지원하기 위해 안봉선(安奉線) 철도를 파괴하는 것이고, 또 하나는 고종으로부터 위임을 받아 중국 정부와 중한의방조약(中韓誼邦條約)이라는 밀약을 맺는 것이었다.

그런데 첫 번째 구상은 중국의 원세개가 일본의 21개조 요구를 모두 수락함으로써 무산되고 말았다. 두 번째 구상도 성낙형이 1915년 7월 서울에 들어와 변석붕(邊錫鵬) 등 수 명과 함께 고종의 밀명을 받을 방법을 협의하던 중 일본 경찰에 붙잡힘으로써 이 또한 수포로 돌아갔다.

두 가지 구상이 모두 무산된 이후 활동은 별다른 성과 없이 중단되고 말았다. 이처럼 활동이 쉽게 중단되었던 것은 국제 정세에 대한 그들의 분석이 중국의 일본에 대한 굴복으로 빗나가 버린 데에 가장 큰 이유가 있었다.

그리고 당시 동제사의 간부인 신규식 등은 중국 국민당(國民黨)과 긴밀한 관계를 계속 가지는 등 공화주의 노선을 밟고 있었기 때문에, 제정을 표방하는 신한혁명당의 활동에는 소극적이었던 것으로 보인다.

한편, 신한혁명당은 본부를 북경에 두고 활동을 시작했다. 북경에 본부를 둔 것은 원세개의 북경 정부와 교섭하여 대일투쟁을 강화하려는 전략이었다. 신한혁명당의 요인들은 장차 동맹을 맺게 될 중국과 독일이 모두 군주정치를 표방하는 것을 고려해 구황실의 광무황제를 당수로 추대하고자 하였다. 국제 사회의 대세는 공화주의 쪽으로 가고 있었지만 우선 목적달성이 유리한 방법을 모색하고자 하는 편의적인 방략이었다.

광무황제를 당수로 추대하고 군주정치를 표방한 방략에서 신한혁명단은 일개의 독립운동단체가 아니라 독일, 중국과 동맹을 맺고 일본에 대한 독립전쟁 수행을 위해 한국을 대표하는 정부적인 성격의 단체로까지 발전시키려 한 의도였다. 독립전쟁 수행을 위한 무장준비계획은 군비 준비와 국내 국경지역 진공 계획 수립으로 이루어졌다.

이 계획은 유럽의 전쟁에서 독일이 승리한 뒤 동양으로 진출하면 일본에 대한 공격이 시작되며 이 경우 연합체제가 구축될 것이므로, 우리의 독립군도 각국과 연합체제가 구축될 것이므로 우리의 독립군도 각국과 연합해 독립전쟁을 치러야 한다는 전제에서 마련된 것이다. 전쟁 수행에 필요한 군비의 조달은 기존에 정비되어 있던 대한광복군정부의 독립군과 무기 등을 기반으로 보다 신속히 조성될 수 있던 것이 아닐까 추측된다.

4. 신한혁명당의 좌절

이상설은 중국과 〈중한의방조약〉을 체결하기 위해서는 광무황제로부터 전권을 위임받는 일이 우선이라고 판단하였다. 그래서 성낙형 등을 국내로 파송하여 고종을 직접 알현하도록 하였다.

성낙형은 정권 위임의 밀지를 받기 위해 국내 잠입을 결행하고 국내 잠입에 앞선 선무공작으로 국내 당원인 변석붕에게 이 거사를 도모할 동지를 규합하도록 미리 통지하였다. 1915년 7월 초 성낙형과 중국 한구 지부장 김기우는 밀약안을 가지고 국내로 잠입하여 평양을 거쳐 서울에 도착하였다.

성낙형과 변석붕은 일제의 감시를 피해 비밀리에 접촉하였다. 두 사람은 구체적인 세부 활동과 방향을 협의하였다.

그러나 성낙형이 〈중한의방조약안〉을 가지고 고종을 알현하기 직전 일제 측에게 발각되어 본부에서 파견된 당원 및 국내 활동원 모두가 체포되었다. 일제는 이들을 '보안법 위반사건'으로 묶어 재판에 회부하였다.

신한혁명당이 〈중한의방조약〉 체결을 위한 준비로 국내에서 전개했던 계획은 당원들의 체포로 성사 직전에 실패하고 말았으며, 이후에는 활동이 중지된 것으로 미루어 당 조직 자체도 무산된 듯하다.

이상설의 마지막 광복운동 사업이었던 신한혁명단의 활동은 국제정세의 역전과 일제의 식민지배체제, 그들의 정보력 앞에 허무하게 무너지고 말았다. 국내에 들어온 혁명단 간부들은 많은 동지들을 얻고 7월 26일에는 염덕신 내관을 통해 덕수궁 성녕전에서 1차로 이상설, 성낙형 등이 국권회복을 위해 추진하는 내용의 서찰과 관계 서류를 전했다. 이어 외교부장 성낙형은 고종과 만나자는 약속까지 하였다(윤병석, 「이상설의 생애와 독립운동」, 『나라사랑』).

국내에 파송된 독립운동가들은 모두 일경에 검거돼 혹독한 고통을 겪어야 했다. 일제는 1915년 이른바 '보안법 위반사건'이라 하여 이 사건 관계자들을 모두 검거하고 보안법으로 다스리면서, 이상설의 계획은 좌절되고 말았다.

신한혁명단은 그토록 어려웠던 상황에서도 중국 정부와 맺고자 한 19개조의 조약(초안)에서 "한국 혁명의 성공 후 중국은 한국의 내정에 용훼하지 않을 것. 단 의방의 의무로서 세관 혹은 철도 등의 사업에 관하여 기수 혹은 번역원을 고양할 사(제11조)" 등, 민족적 자존과 이익을 확고히 마련하고 있었다.

신한혁명단의 독립운동 방략은 첫째는 민족독립을 위해 실리적인 방략을 중시하여 공화주의를 포기하고 보황주의적 노선을 채택하였다. 동맹국이 될 독일과 중국과 같은 제정을 표방하고 광무황제를 당수로 추대하였다. 물론 이 경우 복벽적이라기보다는 입헌군주적 제정을 의미하는 것이었다.

신한혁명단 계획의 실패 이후 복벽주의나 보황주의적 방략은 그 자체의 한계로 더 이상 독립운동 방략상 주된 노선이 될 수 없었다.

그리하여 1917년 〈대동단결선언〉 단계에 이르면 공화주의 노선이 독립운동의 이론으로 정립하게 되는 진척을 가져왔다.

둘째는 신한혁명단이 독립운동의 중추기관으로 정부의 조직을 주장하였던 것이다. 여기서 정부가 어떤 형태라는 설명이 없어 정확한 파악은 어렵지만 국내외 간 외수 내용의 효과적 독립운동을 추진키 위한 중추기관으로 정부를 조직해야 한다는 방향제시에 그 역사적 의미가 있었다.

이는 신한혁명단 이후 1917년 〈대동단결선언〉에서 통일된 최고기관인 정부의 수립을 위한 보다 구체적이고 체계화된 실시방법을 제시할 수 있는 단계로 발전하는 데 초석이 되었다.

비록 계획으로 그쳤지만 제1차 세계대전이란 급격한 상황변화 속에서 각지의 운동역량을 통합, 재정비하여 연합조직을 추구한 점과 타국과의 국제적인 협약체결을 계획하여 외교적인 면만이 아니라 장차 정부수립의 가능성을 환기시켰다는 점 등에서 역사적 의의를 찾을 수 있다 (윤병석, 『이상설전』(증보)).

대한광복군정부는 최초의 망명정부이며 그 이름만이 역사에 기록되게 된 것이다. 그러나 국내외 곳곳에서 활동하던 이상설의 수많은 동지들은 그동안 닦아오던 항일운동의 터전과 항일의 힘을 바탕으로 시베리아에서 서북간도와 중국 대륙과 미주 대륙에서 쉬지 않고 이상설이 광복의지를 이어서 활동을 펴나간 것이다(윤병석, 『이상설전』(증보)).

이상설의 생애에서 마지막 광복운동이 된 신한혁명단의 활동은 제1차 세계대전이라는 어지러운 국제질서에서 중국이 일본과 한국 문제로 엮이는 것을 주저하고, 국내에 파송되었던 밀사들이 일경에 모조리 검거되면서 좌절을 맞았다.

11장

애통한 서거

1. 망명지에서 순국함

　신한혁명당의 좌절을 겪으며 이상설은 건강이 크게 악화되었다. 그는 10년이 넘는 해외망명 생활과 국치의 아픔 그리고 거듭되는 국권회복 투쟁의 좌절로 인한 육체적, 정신적 상처는 건강의 악화로 나타났다. 1916년부터 토혈이 거듭되면서 북경을 떠나 지인들이 많은 러시아령 하바로프스크로 거처를 옮겼다.

　동지들은 이상설의 상태가 위중하다는 판단하에 하바로프스크보다 기후가 온화한 니콜리스크로 옮겨 이민복의 집에서 정양하도록 하였다. 투병에도 효험이 없자 동지들이 비밀리에 고국으로 연락하여 부인과 아들이 와서 간호토록 하였다. 1906년 4월 18일 국권회복을 결심하고 고국을 떠난 지 10년 만에 가족과 재회한 것이다.

　부인의 지극한 간호에도 이상설의 병환은 조금도 호전되지 않았다. 이상설은 나날이 기력이 쇠하여 몸이 꼬챙이처럼 말라갔다. 그리고 마침내 1917년 3월 2일, 망명 10년, 국치 7년 만에 이상설은 부인과 아직

어린 아들, 그리고 이동녕, 조완구, 백순, 이민복 등 동지들이 지켜보는 가운데 눈을 감았다. 48세를 일기로 파란 많은 통한의 생을 접었다.

이상설은 동지들의 손을 잡으며 파란만장한 생을 마감하는 간절한 유언을 남겼다.

> 동지들은 합세하여 조국광복을 기필코 이룩하라. 나는 조국광복을 이루지 못하고 이 세상을 떠나니 어찌 고혼인들 조국에 돌아갈 수 있으랴. 내 몸과 유품은 모두 불태우고 그 재마저 바다에 날린 후 제사도 지내지 마라.

이상설이 죽음을 맞은 뒤, 동지들은 유언대로 시신을 화장하여 수이푼 강에 그 재를 뿌렸다. 그러고는 유품도 화장하여 함께 뿌렸다.

> 선생은 명목하실 때 유언으로 선생의 유품은 하나도 남김없이 모두 불태우고, 선생의 유해마저 다비에 부치라고 하셨다. 이때 동지들의 비통은 지필로 형언할 수 없는 것이었으며, 러시아의 헌병들도 화장 장소 주변을 경호하면서 동지들의 애통을 보고는 참으로 위대한 인물이 가셨다고 탄식하더라는 이야기를 고 조완구 선생이 어느 때엔가 필자에게 말씀한 일이 있었다(권오돈, 「보재 선생과 독립운동」, 『나라사랑』).

다음은 이상설 선생의 임종과 관련된 증언이다.

이동녕 선생 말에 의하면 이상설 선생의 임종 당시에 13명의 동지가 모였는데, 이상설 선생의 마지막 유지는 "우리나라에 (국권) 회복할 기회가 올 것이니 모두들 낙망 말고 분발하라"는 것이었다고 한다. 임종을 지켜본 동지 중의 한 분이 선생의 유품과 저작한 원고들은 어떻게 했으면 좋은가 하고 묻자, 선생은 "모든 것이 미완성이며, 또 내가 후세에 무슨 면목으로 무엇을 끼칠 수 있겠는가? 오히려 우리 동포들에게 미안할 따름이다. 모든 것을 이미 불태워 없애 버리고 말았다. 다만 지금 당장 남을 것은 나의 죽은 시체가 있을 뿐이니 이것마저 불로 태워 바다에 뿌려 주기 바라며, 행연 죽은 찌꺼기를 조금이라도 남기지 말기를 원한다. 내 국토를 잃어버렸는데 어느 곳 어느 흙에 누를 끼치리오"하고 눈을 감았다고 한다. 그리하여 동지들은 선생의 유지대로 화장으로 모시고, 분골은 바다에 뿌렸다고 한다(민충식, 「연해주 시절의 이상설 선생」).

이상설의 서거 소식이 전해지자 국내외에 있던 많은 동지들이 큰 충격을 받았다. 상해에서는 박달학원을 중심으로 이상설의 서거를 추모하는 추도식이 거행되었다. 추도식에는 조성환, 박은식, 백남파, 신규식, 조동우, 인제호 등 수십 명이 참석했으며, 장부천 등 중국혁명당 요인들도 참석하였다.

2. 각계의 추모 물결

이상설의 서거 소식은 미주 지역 동포들에게도 큰 충격을 불러일으켰다. 곧이어 그곳에서도 애도의 물결이 일어났다.

시베리아의 바람이 급하고 오소리강의 물결이 목매치니, 오호라 우리 공(이상설)이 길이 갔도다. 만리사절이 바다를 건널 때는 천년국장이 땅에 떨어진 날이라. 성패야 어찌 논하리요. 충의를 깊이 공경하노라. 공은 몸을 버렸거늘 우리는 몸을 보존하였으니 한 줌에 차는 눈물이 실로 공을 위로함이 아니요 스스로 슬퍼함이러다. 지금 반도에 명월이 달렸나니 공의 영혼이 항상 임하소서(《신한민보》, 1917년 5월 31일자).

중국의 한 문인이 집필한 이상설 선생 관련 내용도 있다. 중국의 문인 관설재가 집필한 『한국지사소전』(1939년, 중경)에도 선생의 인간으로서의 범속한 경지를 초극한 위대함을 찬양하고, 선생의 관념과 담담한 심회가 실려 있다.

　　"저분의 평생에 저작이 퍽 많았는데, 어느 날 초고를 꺼내어 다 불태워 버리고는 말하기를, '인생이란 하늘을 나는 새와 똑같다. 아예 흔적조차 남겨 두지 않는다. 일장환경이다. 하필이면 저 환경을 가지고 실지와 같이 만들겠는가."

　　선생은 항상 염원을 이루지 못함을 괴로워하시고, 자신의 부족함을 자책하시며, 자기를 빛내고자 하시지 않을 뿐만 아니라 자기가 세상에 왔던 흔적조차 남기기를 원치 않으셨다(이완희, 「보재 이상설 선생의 유훈」).

　이상설이 러시아에서 국권회복운동에 매진하고 있을 때 어느 날 이회영이 러시아로 이상설을 찾아왔다.

　　1908년 여름에 선생(이회영—필자)은 몰래 블라디보스토크로 나가 멀리 이상설을 방문하였다. 만리타향에서 옛 벗을 만나니 기쁨은 극에 달하여 슬픔이 일어났다. 북쪽 끝 바닷가 외로운 집에서 두 사람이 은근히 마주하고 조국 대사를 상의하니, 참으로 의협스러운 마음속 얘기는 눈썹에 노을이 비낀 듯하였고, 호걸 영웅의 계책은 가슴속에 너른 바다가 있는 듯하였다.

　　이상설은 세계정세를 논하면서 말하였다. "러시아는 시베리아 철도에 쌍철을 부설하고, 만주와 몽고의 국경에 많은 군대를 배치하며 군함과 병기를 서둘러 제조하고 있다. 이것은 모두 일본에 대한 전쟁 준비를 하는 것이다.

그리고 미국은 일본의 세력이 강성함으로 인하여 동양 진출에 장애가 되므로 그 세력을 좌절시키려고 모획하고 있다. 중국 또한 왜적을 원수 보듯하며 절치부심하고 있으니 중국이 비록 약하지만 4억 인구를 쉽게 볼 수는 없을 것이다.

중국, 미국, 러시아의 일본에 대한 정세가 이와 같으니 조만간 또다시 동양에 전운이 일어날 것이다. 바라건대 우리 동포들이 먼 곳과 가까운 곳이 한 몸이 되고 내외가 서로 호응하며, 모든 국력을 저축하여 좋은 기회를 잡아 의로운 깃발을 높이 들면 조국 광복을 기약할 수 있을 것이다.”

이상설의 이와 같은 말에 선생은 가슴속이 시원하였다. 이에 두 사람은 운동 방책을 신중히 토의하여 다음 4가지 항목을 대강 결정하였다.

1. 지사들을 규합하여 국민 교육을 장려할 것
2. 만주에서 광복군을 양성할 것
3. 비밀 결사를 조직할 것
4. 운동 자금을 준비할 것

이와 같은 의논을 마치고 나서 이상설은 선생의 손을 잡고 다시 말하였다. “나는 헤이그밀사의 일로 고국강산에는 한 발자국도 들어가지 못하게 되었다. 이후로 나는 구미 등지를 두루 다니면서 이 한 몸이 다 부서지도록 외교에 전력하여 나라를 일으키는 사업을 돕겠으니 그대는 국내의 일을 담당하고 정성을 다하고 부지런히 애써 우리 광복의 큰 뜻을 달성하기를 기축한다."

선생은 듣고 나서 개연히 응락하여 말했다. "형의 귀중한 가르침을 명심불망하겠다."

이리하여 선생은 간담상조하고 정의가 두터운 지우 이상설을 궁북절역에서 '평안히'라는 한 마디 말로 이별하고 고국에 돌아왔다(이정규·이관직, 『우당 이회영 약전』).

3. 이상설의 한계

　이상설 선생의 활동 근거지 러시아가 적성국가가 되면서 현장 방문과 사료를 찾기가 쉽지 않아 그동안 그에 대한 연구들이 지지부진했다. 그러다가 1990년대 초반 구소련 연방이 해체되면서 연해주 방문이 쉬워지고 일부 자료도 발굴되었다. 또 기념사업회가 구성되고 다방면에 걸쳐 연구가 진행되었다.

　많은 연구결과 중에서도 김준엽과 김창순은 공동저서에서 이상설의 이념적 성향을 다음과 같이 분석하였다.

　　성명회는 러시아에서 처음으로 출현한 갈렬한 의지의 노골적인 반일단체였다. 이미 보아 온 바와 같이 러시아령 한인들은 제1차 러시아혁명의 3년 풍진을 겪고난 사람들이며, 또 그들은 '시베리아광란'의 3년 동안에 러시아 민중을 지배한 것이 제정(帝政) 반대의 사회민주주의자들임을 알고 있었기 때문에, 이상설과 같은 유교적 충군주의자를 지지하지 않는 층도 적지 않았을 것이다.

　그렇지 않아도 시베리아의 한인 사회는 벌써 사상적으로 어지간히 혼탁되어 있었으므로 고종의 총신인 이상설에 대하여 전면적인 지지를 보내지는 않았을 것은 짐작하기 어려운 일이 아니다. 물론 아직도 존왕사상을 가지고 있는 노인들은 별 문제였을 것이나, 이들도 근본적으로는 조선 조정의 비정에 견디지 못하여 국외로 도망해 온 사람들이 다수였기 때문에 왕정 옹호자에 대해서는 그리 탐탁하게 생각하지 않을 수도 있는 일이다. 그리하여 "성피지악 명아지원"은 좋으나 왕정 옹호의 독립운동자들, 말하자면 기왕의 착취계급의 사람들에 대해서는 내심 비방이 없지 않았을 것이다.

　여기에 러시아 한인의 일반적인 특성이 있다. '을사보호조약'과 경술국치를 전후하여 시베리아에 망명한 사람들 가운데에서 비록 같은 구한국이 관직에 있었다 하더라도 근왕애국의 지지를 견지한 사람은 한 사람도 두각을 나타내지 못하였다. 이동휘도 구한국 참령이었으나 그의 시베리아 생활은 결코 근왕애국은 아니었다(김준엽·김창순, 『한국공산주의운동사1』).

김준엽과 김창순은 이상설을 '충군주의자'로 분류하였다. 사실 이상설은 고종을 위시하여 당시의 지배이념을 지키고자 했던 충신이었다. 이상설이 헤이그특사로서 활동한 것이나 러시아에 망명하여 국권회복운동에 투신한 것, 고종을 망명시켜 러시아에 망명정부를 세우고자 한 것 등은 모두 그가 충군의식에서 행한 행동임을 알 수 있다. 이처럼 이상설이 끝까지 충군주의자, 근왕주의자로 종신한 것은 그의 '이념적 한계'로 지적될 수 있을 것이다.

4. 독립유공자 추서, 향리에 추모비

상해에 대한민국임시정부가 이상설의 동지들과 후학들에 의해 수립되고, 이로써 보다 체계적인 항일독립운동이 전개되었다. 그렇게 고통의 세월이 흘러 1945년 8월, 마침내 중일전쟁에 이어 태평양전쟁까지 도발했던 포악한 일제가 항복하고 우리나라는 해방되었다. 아마도 보재 선생은 하늘에서 뜨거운 눈물을 흘리며 "독립 만세!"를 두 손 들어 외쳤을 것이다. 1962년 3월 1일 정부는 선생을 독립운동유공자로 선정, 대통령장을 추서하였다. 1971년 3월에는 '보재 이상설 선생 기념사업추진위원회'

▼ 보재 이상설 선생 동상

에서 선생의 출생지인 충청북도 진천군 진천읍 남산골에 높이 10척의 〈보재 이상설 선생 숭모비〉를 건립하였다.

　지난날 한국 말엽의 비통한 역사 위에 덮쳐 오는 노도탁탕을 무릅쓰고 산같이 우뚝섰던 정기의 인물 한 분, 그가 바로 저 유명한 헤이그 밀사 세 어른 가운데서도 정사의 사명을 띠고 가셨던 보재 이상설 선생이시다.

　나라가 기울어 나라를 울고 집을 버려 집을 울고 제 몸 또한 울어 세 울음의 슬픈 시를 읊었던 선생을 위해 나는 이제 선생의 풀지 못한 천추 회한을 다시 울어 그 눈물로 먹을 갈고 그 먹을 찍어 이 글을 쓰는 것이니, 어찌 도연명이 깨끗한 국화 이슬로 먹을 갈아 그 먹으로 조국 진나라 역사를 쓰던 심경에만 비길 것이랴.

　슬프다, 예로부터 모든 영웅의사들이 비록 나가서 죽는데도 죽어서는 그 몸이 제 고장으로 돌아온다 하건마는 선생은 죽어서도 못 돌아왔고 한 조각 유물조차 끼치지 않아 우리는 다만 아득한 하늘만 바라볼 따름이로되, 후세 만인의 선생을 그리고 우러르는 뜻이 결코 형상이나 유물에 있는 것이 아니오, 정신과 사상에 있을뿐더러 그 위에 선생의 48년 간의 생애가 바로 민족 정기사의 일절이라 그의 행적을 아는 것이 더 귀한 것이다.

　선생은 일찍 고종 7년 서기 1870년 12월 7일 충북 진천 고을 동쪽 10리 덕산면 산척리에서 태어나니 경주 이씨 가문 고려 말엽의 대학자

익재 이제현 선생의 23대 손으로 부친은 행우 공, 모친은 벽진 이씨. 7세에 동부승지 용우 공에게 입양하여 서울로 왔으나 13세에 양부가 별세하고 18세에 생부 또한 여의어 소년의 몸에 무거운 상복을 잇달아 입었건마는 꾸준한 노력과 수양으로 자기 앞길을 개척해 갔던 것이다.

선생의 학문은 놀랄 만한 진경을 보여 25세에 문과에 급제하니 그게 바로 동학혁명이 일어난 갑오년이요, 유교, 불교, 천주교 등 종교 철학과 천문, 고등수학, 법학, 의학 등에까지 두루 통달하여 학계의 최고봉이 되었으며, 고종의 정치 고문 헐버트 박사와 친교를 맺어 외국의 신간 서적을 섭렵하여 구미 정치 사조에도 밝았던 한편, 관계로 나가서는 탁지부 재무관으로부터 성균관 교수 한성 사범학교 교관, 홍문관시독, 시강원 부담사를 지나 궁내부 특진관, 외부 교섭국장, 학부, 법부 협판을 거쳐 의정부 참찬에 이른 것은 을사년 36세 때이었다.

서기 1905년 11월 17일 이른바 을사매국조약이 강제 체결되자 선생은 종로에서 연설하고 통곡하고 오적을 베어 국민들에게 사하소서 하고 불 튀는 상소문을 위에 올림과 함께 벼슬을 사직하고 두문불출하다가 이듬해 4월 18일 서울을 벗어나 북간도로 망명하여 거기에 서전서숙을 세우고 동포 자제들을 교육하더니,

다시 다음 해 서기 1907년 봄 블라디보스토크로 가서 본국으로부터 아우 상익이 인도해 온 이준과 만나 베드로그라드로 전 공사 이범진을 찾아가 상의하고 선생은 정사, 이준은 부사로 황제의 밀사 자격을 띠고서 통역하는 책임을 진 이범진의 아들 이위종과 함께 3인 동행으로 극

비밀리에 네덜란드의 수도 헤이그에 도착하니 그것은 6월에 열리는 만국평화회의에서 적 일본의 침략을 폭로하고 조국의 독립을 보장받으려 함이었으나,

마침내 밀사들의 피 돋는 노력은 허사로 돌아가고 또 기자협회 모임에서 연설한 것도 필경 보람 없이 된 후에 7월 14일 이준 동지가 통곡하다 못해 피를 토하고 순국하니 세상에 이런 비극이 또 어디 있을 것이랴.

선생은 그 길로 불국, 독일, 영국, 미국 등 각국을 역방하며 호소하다가 눈물을 머금고 블라디보스토크로 돌아와 유인석과 함께 고종황제를 모셔다가 망명 정부를 세우려 하던 중 마침내 1910년 8월에 국치를 당하자 권업회를 설립하여 산업 진흥에 애쓰고, 하바로프스크로 가 군정부와 사관학교를 세워 무력항쟁을 기도했으나 제1차 세계대전이 터져 그 계획마저 꿈같이 사라져 가슴에 사무쳐 오르는 통분으로 침식을 잊고 지친 끝에 병든 몸을 니콜리스크로 옮겨 신음하다가, 이동녕 등 동지들에게 상해로 가 독립운동을 전개할 것과 유물은 모두 불태우고 유해는 가루내어 시베리아에 흩뿌리고 광복하기까지는 제사도 하지 말 것 등을 유언하고서 서기 1917년 정사년 음력 2월 초 9일 바람 찬 만리 이역에서 눈 못 감은 천추의 원혼이 된 것이었다.

그러나 광복된 오늘이외다. 혼이라도 고국에 돌아오셔서 돌아와 우리의 위로 웃고 받으옵소서.

1971년 3월 1일. 이은상 짓고 이범석 비명, 이상복 비문 쓰고, 보재 이상설 선생 유적 보존 위원회 세우다.

5. 이상설의 혼백을 부르다

1996년 10월 27일 수이푼 강가에서는 이상설 선생의 초혼제가 열렸다.

조국을 잃은 민족수난기에 항일 광복운동에 헌신한 수많은 애국지사 중에서도 대표적인 어른이 보재 이상설 선생입니다.

선생은 제국주의 열강이 한반도를 에워싸던 1870년 (고종 7) 12월 7일에 여조 명유 일제 이재현의 23대 손으로 충청북도 진천군 덕산면 산척리 산직 마을에서 선비 이행우와 벽진 이씨의 장남으로 출생하셨습니다. 어려서 이조참의를 역임한 이용우에게 출계, 서울에서 신구학문을 겸수, 문과에 급제하고 관직이 누진하여 36세 때에는 의정부 참판에 발탁되시었습니다.

그러나 나라의 비운이 닥쳐 1905년 11월 을사오조약을 맞아 황제에게 순사직을 권하는 사직소를 올려 관직을 벗고 그때부터 일제에게 유린되던 국권의 수호운동과 그를 이은 조국독립운동에 온 생애를 바치어 한국독립운동사에 새 장을 기록하셨습니다.

선생의 그와 같은 활동 중 두드러진 것만 들어도 첫째, 1907년 6, 7월에는 이준 열사와 이위종 위원을 대동하고 저 유명한 대한제국 최후의 구국외교인 헤아 사행을 결행, 국제여론을 환기시켰습니다. 뿐만 아니라 그 사행을 이어 영, 독, 불, 러, 미 등 열강을 순방, 한국의 독립이 동양평화의 관건임을 역설하였습니다.

둘째, 1906년 8월경 두만강 건너 북상한 한인이 개척한 북간도 용정에 교육주의의 요람인 서전서숙을 건립하여 연해주 지방에 민족주의 교육을 실시하기 시작하였습니다.

셋째, 1909년 여름부터는 서북간도를 비롯한 중국과 러시아 연해주 그리고 멀리 하와이와 미주 본토에 걸치는 국외 한인사회를 결속, 조직하여, 조국 독립운동의 터전을 닦고, 1914년에는 블라디보스토크에 일제와 독립전생의 결행을 목적한 망명정부인 대한광복군정부를 세워 그 정통령에 추대되어 국내외 독립운동을 총령, 주도하였습니다.

그동안에도 선생은 의병의 국내 진입작전을 피려던 13도의군 편성을 돕기도 하고 1910년 일제의 '한일합방'에 반대하는 성명회를 개최, 한국민의 독립의지를 표명한 선언서를 선포하였습니다. 또한 권업회와 신한혁명단을 조직 지도하여 일제와의 일관된 항일독립운동을 추진하였습니다.

그러나 보재 선생은 지금으로부터 80년 전인 1917년 3월 2일 조국

광복을 못 보고 이곳 망명지 시베리아 우수리스크 쌍성자 한인 집에서 48세를 일기로 천추의 한을 품은 채 서거하셨습니다. 그동안 자기 몸은 돌보지 않고 오로지 조국 광복에 심신을 다 바친 까닭에 피를 토하는 중병으로 임종이 다가오자 "동지들은 합심하며 기필코 조국광복을 이룩하라. 나는 조국광복을 이룩하지 못하고 이 세상을 떠나니 어찌 고혼인들 조국에 갈 수 있으랴. 내 몸과 유품, 유고는 모두 불태우고 그 재마저 바다에 뿌린 후에 제사도 지내지 말라"는 서릿발 같은 유언을 남기시었습니다.

임종을 지킨 석오 이동녕을 비롯한 조완구, 백순 등 여러 동지는 유언을 좇아 이곳 우수리스크 쌍성자 앞 들을 지나 연해주 남쪽 지방을 관통하여 아무르 만으로 흘러 한반도의 동해로 이어지는 수이푼 강변에서

▼ 우수리스크 이상설 유허비(출처: 인터넷)

그 재를 강에 흘려 보냈습니다.

조국이 광복된 지도 반세기를 지난 이제야 보재 이상설 선생 기념사업회에서는 국가보훈처의 후원을 얻어 이곳에 찾아와 초혼례를 올리고 선생의 혼백을 조국 땅에 모시려고 합니다. 굽어 살피시고 조국 땅에서 간난한 민족의 앞날을 보우하시고 길이 천상의 홍복을 누리옵소서.

러시아 연해주 우스리스크 쌍성자 수이푼 강변에서(윤병석,『이상설 전』(증보)).

| 참고문헌 |

1. 단행본

· 강상원, 『이보재선생약사초안』
· 강성은, 『1905년 한국보호조약과 식민지지배책임』, 선인, 2008
· 김구, 『백범일지』, 돌베게, 1997
· 김삼웅, 『보재 이상설 평전』, 채륜, 2017
· 김삼웅, 『을사늑약 1905: 그 끝나지 않는 백년』, 시대의창, 2005
· 김삼웅, 『이회영 평전』, 책보세, 2011
· 김삼웅, 『안중근 평전』, 시대의 창, 2009
· 김원용, 『재미한인오십년사』, 혜안, 2004
· 반병률, 『성재 이동휘 일대기』, 범우사, 1998
· 유자후, 『이준 선생전』, 동방문화사, 1947
· 윤병석, 『이상설전』(증보), 1998
· 이관직, 『우당 이회영 실기』, 을유문화사, 1985
· 이상래 · 강철근, 『돌아오지 않는 밀사 이상설 이야기』, 이채, 2017
· 이윤기, 『잊혀진 땅 간도와 연해주』, 화산문화, 2005
· 이선근, 『한국사-현대 편』, 진단학회, 1963
· 이창호, 『안중근 평전』, 벗나래, 2017
· 『나라사랑』, 외솔회
· 『홍개호반에 피어난 진달래』 편, 『밀산조선족력사문화예술종합작품집』,
  흑룡강조선민족출판사, 2012

2. 신문

· 《대한매일신보》, 《황성신문》

3. 기타

· 인터넷, 위키백과, 두산동아

우리가 기억해야 할 독립운동가

보재 이상설 평전

초판1쇄 인쇄 | 2018년 1월 10일
초판1쇄 발행 | 2018년 1월 15일

지은이 | 이창호
펴낸이 | 김진성
펴낸곳 | 벗나래

편 집 | 김선우, 허 강
디자인 | 이은하
관 리 | 정보해

출판등록 | 2012년 4월 23일 제2016-000007호
주 소 | 주소는 경기도 수원시 장안구 팔달로237번길 37, 303(영화동)
전 화 | 02-323-4421
팩 스 | 02-323-7753
이메일 | kjs9653@hotmail.com

ⓒ 이창호
값 15,000원
ISBN 978-89-97763-17-7 03990